Frank Weber

Tausenderlei

über die

Freiheit

Mehr als 1000
Zitate, Aphorismen und Bonmots
über die Freiheit

1. Auflage
Bibliographische Informationen der Deutschen Nationalbibliothek
Die Deutsche Nationalbibliothek verzeichnet diese Publikation in
der Deutschen Nationalbibliographie.
Detaillierte bibliographische Daten sind im Internet über
http://dnd.d-nd.de abrufbar.

© 2014 Frank Weber

Herstellung und Verlag: BoD - Books on Demand, Norderstedt

ISBN 978-3-7322-9721-4

Vorwort

Auch dieses Buch will – wie schon seine Vorläufer *Tausenderlei über die Liebe* und *Tausenderlei über das Glück-* ein Lesebuch sein; eine Fundgrube, ein Schatzkästchen voll alter und neuer Einsichten, voller Überraschungen zum Thema Freiheit; auch wenn das Eine oder das Andere schon bekannt erscheint – schon mal gehört, schon mal gelesen oder vielleicht auch selbst erlebt.

In diesem Buch sind über 1.000 Aphorismen, Zitate und Bonmots aus zwei Jahrtausenden verzeichnet.

Freiheit liebt das Tier der Wüste,
frei im Äther herrscht der Gott,
ihrer Brust gewalt'ge Lüste
zähmet das Naturgebot;

doch der Mensch in ihrer Mitte
soll sich an den Menschen reihn,
und allein durch seine Sitte
kann er frei und mächtig sein.

Friedrich v. Schiller

Die Freiheit lässt sich nicht gewinnen,
sie wird von außen nicht erstrebt,
wenn nicht zuerst sie selbst tief drinnen
im eignen Busen dich belebt.

Robert Prutz

Viel Freude beim Schmökern und gutes Gelingen bei der Suche nach dem Weg in die Freiheit oder nach der Freiheit selbst.

Der Herausgeber
Marburg, März 2014

A: Sollte die Freiheit nichts anderes sein, als dass es in meiner Macht steht, das, was ich will, auch zu tun? [...] Ich bin nicht frei zu wollen, was ich will?
B: Ihr Wille ist nicht frei, aber Ihre Handlungen sind frei. Sie sind frei zum Handeln, wenn es in Ihrer Macht steht, zu handeln. [...] All die Bücher über die Freiheit zum beliebigen Tun, zum beliebigen Handlen [...] sind dummes Geschwätz; es gibt keine Freiheit zum beliebigen Tun. Das ist ein Wort ohne Sinn und Verstand, das sich Leute ausgedacht haben, die zuwenig davon hatten.
Voltaire

Aber gerade weil der Mensch frei ist, ist der Sieg des Sozialismus durchaus nicht gesichert.
Jean Paul Sartre

Ach, umsonst auf allen Länderkarten
spähst du nach dem seligen Gebiet,
wo der Freiheit ewig grüner Garten,
wo der Menschheit schöne Jugend blüht.
In des Herzens heilig stille Räume
musst du fliehen aus des Lebens Drang:
Freiheit ist nur in dem Raum der Träume,
und das Schöne blüht nur im Gesang.
Friedrich v. Schiller

Alle, die frei sind, verdanken es ihrer Kraft.
Thukydides

Alle Freiheitsapostel, sie waren mir immer zuwider.
Willkür suchte doch nur jeder am Ende für sich.
Willst du viele befreien, so wag es, vielen zu dienen!
Johann Wolfgang v. Goethe

Alle große Kunst der Erde, ja alles Schaffen war liebevoll, dämonisch und frei.
Walther Rathenau

Alle großen Dinge sind einfach und viele können mit einem einzigen Wort ausgedrückt werden: Freiheit, Gerechtigkeit, Ehre, Pflicht , Gnade, Hoffnung.
Winstom Churchill

Alle Menschen sind frei geboren? Nein, nicht ein einziger Mensch, der je war, ist oder sein wird. Alle Menschen sind im Gegenteile in Unterwerfung geboren – der Unterwerfung eines hilflosen Kindes gegen die Eltern, von denen seine Existenz in jedem Augenblick abhängt.
Jeremy Bentham

Allen zugänglich und frei machen wollen wir die Wissenschaft, sie soll nicht länger in Fesseln geschlagen werden.
Wilhelm Liebknecht

Aller Zwang hemmt und drückt die Natur, und sie kann ihre Schönheit nicht in vollem Reize zeigen. Johann Jakob W. Heinse

Alles Individualisieren führt zur ewig inneren Form, von der die äußere nur der Firniß ist, und nur aus der vollendeten Form geht das Befreiende hervor.
Friedrich Hebbel

Alles prüfe der Mensch, sagen die Himmlischen,
dass er kräftig genährt, danken für alles lern,
und verstehe die Freiheit, aufzubrechen, wohin er will.
Johann Christian Friedrich Hölderlin

Als ein vernünftiges, mithin zur intelligiblen Welt zugehöriges Wesen, kann der Mensch die Kausalität seines eigenen Willens niemals anders als unter der Idee der Freiheit denken.
Immanuel Kant

Alles, was unseren Geist befreit, ohne uns die Herrschaft über uns selbst zu geben, ist verderblich.
Johann Wolfgang v. Goethe

Als freier Mann geboren zu werden ist leicht.
Petronius Gaius Arbiter

Als ob die Freiheit nicht ebenso gut eine Religion wäre als jede andere.
Heinrich Heine

Als Werk der Natur mache ich den Anspruch auf tierische Freiheit, als Werk meines Geschlechts auf bürgerliche, als Werk meiner selbst auf sittliche.
Johann Heinrich Pesalozzi

Am Ende werden sie uns ihre Freiheit zu Füssen legen und zu uns sagen: Macht uns zu euren Sklaven, aber füttert uns.
Fjodor Michailowitsch Dostojewski

Am freiesten wird der sein, der am wenigsten Bedürfnisse hat.
Hans Thoma

Am ungezwungensten geben sich Menschen, die tanzen können.
Alexander Pope

An den, den man liebt, verliert man einen Teil seiner Freiheit.
Henry de Montherlant

An unbeschränkter Freiheit gehen die Menschen nicht dutzendweise, sondern zu Tausenden zugrunde.
Jeremias Gotthelf

An der Leine fängt der Hund keinen Hasen. aus Rumänien

Angst ist der Schwindel der Freiheit. Sören Kierkegaard

Angst ist die Wirklichkeit der Freiheit vor der Möglichkeit.
Sören Kierkegaard

Atheismus ist fast immer ein Zeichen für eine gesunde geistige Unabhängigkeit und sogar für einen gesunden Geist. Richard Dawkins

Auch die Freiheit ist nicht ein leerer Traum. Da ist Freiheit, wo du ohne äußeren Zwang dem König und der Obrigkeit gehorchst, wo du in den Sitten und Weisen und Gesetzen deiner Väter leben darfst, wo keine ausländischen Henker über dich gebieten und keine fremden Treiber dich treiben, wie man das Vieh mit dem Stecken treibt. Dieses Vaterland und diese Freiheit sind das edelste Gut, das ein guter Mensch auf Erden besitzt und zu besitzen begehrt.
Ernst Moritz Arndt

Auch die Freiheit muss ihren Herrn haben. Friedrich von Schiller

Auf den Tod sinnen heißt auf Freiheit sinnen Michel Montaigne

Auf der Erkenntnis beruht die Freiheit
Ernst Freiherr von Feuchtersleben

Auf die Frage: „Was ist Freiheit?" antwortete ein Weiser: „Ein gutes Gewissen." Theodor Gottlieb von Hippel

Auf seine Freiheit verzichten, heißt auf seine Menschenwürde, Menschenrechte, selbst auf seine Pflichten verzichten.
Jean Jacques Rousseau

Aus der Demokratie entwickelt sich, wenn Freiheit im Übermaß bewilligt wird, die Tyrannei.
Platon

Auf Freiheit legt's so mancher an,
thut doch, was er nicht lassen kann.
Kann er's nicht lassen, sich frei zu fühlen,
mag er mit seinen Kettenspielen.
Paul von Heyse

Aus der freien Narrheit der Individuen kann für den Staat große Weisheit gedeihen.
Johann Gottfried Seume

Aus der Welt die Freiheit verschwunden ist,
man sieht nur Herren und Knechte;
die Falschheit herrscht , die Hinterlist
bei dem feigen Menschengeschlechte.
Der dem Tod ins Angesicht schauen kann,
der Soldart ist der freie Mann.
Friedrich von Schiller

Aus seiner Haut kann keiner – aus ihrer Klasse heraus können nur wenige.
Kurt Tucholski

Ausgehend von schrankenloser Freiheit ende ich mit unumschränktem Despotismus.
Fjodor Michailowitsch Dostojewskij

Bei einem freien Leben kann man nicht viel Geld erwerben.
Epikur von Samos

Besser arm und frei, als einen vollen Kragen und eine goldene Kette um den Hals. *Deutsches Sprichwort*

Besser ein freier Teufel als ein gebundener Engel. *Peter Hille*

Besser eine Freiheit mit Gehorsam als die Ruhe in der Sklaverei. *Publius Cornelius Tacitus*

Besser eine Stunde in Freiheit, als vierzig Jahre Sklaverei und Gefängnis. *Rigas Feraios*

Besser frei in der Fremde als Knecht daheim. *Sprichwort*

Binde zwei Vögel zusammen; sie werden nicht fliegen können, obwohl sie vier Flügel haben. *Dschelal ed-Din Rumi*

Bleiben wird von uns nur das, was wir dem Allgemeinen geweiht. *Karl Ferdinand Gutzkow*

Bürgerliche Freiheit ist abhängig vom Grade der Kultur des Volkes. *Heinrich Daniel Zschokke*

Da, wo's zu weit geht, fängt die Freiheit erst an. *Werner Finck*

Das Eigentümliche an dem Wort Freiheit ist, dass es nur dann zuverlässig klingt, wenn es in Gesellschaft mit dem Wort teuer erkauft auftritt. *Martin Andersen-Nexo*

Das Alter hat die Heiterkeit dessen, der seine Fesseln los ist und sich nun frei gewegt. — Arthur Schopenhauer

Das Beste auf der Welt ist die Redefreiheit. — Diogenes von Sinope

Das beste Zeichen, dass ein Volk wirklich frei ist, ist die Sicherheit seiner Minoritäten. — Wilhelm Roscher

Dass die Wölfe nach Freiheit schreien, ist begreiflich. Wenn aber die Schafe in ihr Geschrei einstimmen, so beweisen sie damit nur, dass sie Schafe sind. — Rudolph v. Jhering

Das einzige, was ich an der Freiheit liebe, das ist der Kampf um sie. — Henrik Ibsen

Das erste, was wir tun können, um an der allgemeinen Freiheit mitzuhelfen, ist, dass wir selber frei zu werden suchen, soviel uns immer möglich ist. — Friedrich Naumann

Das freie Schaf frisst der Wolf. — Sprichwort

Das Freisein von etwas erfährt seine Erfüllung erst in dem Freisein für etwas. Freisein allein um des Freiseins willen aber führt zur Anarchie. — Dietrich Bonhoeffer

Das gebeugte Knie und die hingehaltenen leeren Hände sind die beiden Urgebärden des freien Menschen. — Alfred Delp

Das Gefühl der eigenen Freiheit gewinnt man nur am Widerstande. — Heinrich Rudolf Hildebrand

Das Geheimnis der Freiheit ist der Mut. Perikles

Das Geheimnis des Glücks ist die Freiheit, das Geheimnis der Freiheit aber ist der Mut. Thukydides

Das Geld, das man besitzt, ist das Mittel zur Freiheit; dasjenige, dem man nachjagt, das Mittel zur Knechtschaft.
Jean-Jacques Rousseau

Das Gesetz der Freiheit aber gebietet, ohne alle Rücksicht auf die Hilfe der Natur. Die Natur mag zur Ausübung desselben förderlich sein oder nicht, es gebietet.
Johann Christian Friedrich Hölderlin

Das Gesetz der Freiheit ist das Gesetz der Liebe.
Augustinus Aurelius

Das Gesetz hat noch keinen großen Mann gebildet, aber die Freiheit brütet Kolosse und Extremitäten aus. Friedrich v. Schiller

Das Grundprinzip unserer Freiheit ist die Freiheit des Willens, die viele im Munde führen, aber wenige verstehen.
Dante Alighieri

Das Gute ist dadurch, dass ich es will; und sonst ist es gar nicht: es ist der Ausdruck der Freiheit. Sören Kierkegaard

Das Haus der Freiheit hat uns Gott gegründet.
Friedrich von Schiller

Das höchste Glück des Menschen ist die Befreiung von der Furcht, also vom Zweck.
Walther Rathenau

Das ist der Weisheit letzter Schluss:
Nur der verdient sich Freiheit wie das Leben,
der täglich sie erobern muss.
Johann Wolfgang von Goethe

Das Kriechen ist unter allen verschiedentlichen Fortbewegungsarten eine prächtige Sache. Aber müssen wir deswegen, weil die Schildkröte einen sicheren Gang besitzt, die Flügel der Adler beschneiden?
Edgar Allan Poe

Das Leben eines Staates ist, wie ein Strom, in fortgehender Bewegung herrlich; wenn der Strom steht, so wird er Eis oder Sumpf.
Johannes von Müller

Das Leben gilt nichts, wo die Freiheit fällt.
Theodor Körner

Das Leben ist sonnenlose Nacht,
wenn nicht die Freiheit es bewacht,
wenn sie nicht ausspannt ohne End'
ihr wunderbares Firmament.
Wenn sie, die milde Mutter, nicht
Den Freudenkranz ums Haupt uns flicht,
wenn sie die Kinder nicht voll Lust
auffängt an ihrer treuen Brust.
Eduard Duller

Das Menschengeschlecht befindet sich im besten Zustande, wenn es möglichst frei ist.
Dante Alighieri

Das Menschengeschlecht kann ohne Freiheit nicht glücklich sein, diese politische Freiheit aber ist auf die Freiheit des Urteils begründet.
Dante Alighieri

Das muss schon ein Mensch von hoher Art sein, dem die Sehnsucht nach Freiheit etwas anderes bedeutet, als die Begier nach Verantwortungslosigkeit.
Arthur Schnitzler

Das natürliche Recht aber ist die Freiheit, und die weitere Bestimmung derselben ist die Gleichheit in den Rechten vor dem Gesetz.
G.W. Friedrich Hegel

Das öffentliche Leben der Staaten mit beschränkter Freiheit ist eben deshalb so dürftig, so armselig, so schematisch, so unfruchtbar, weil es sich durch Ausschliessung der Demokratie die lebendigen Quellen allen geistigen Reichtums und Fortschrittes absperrt.
Rosa Luxemburg

Das Prinzip der Freiheit kommt nur dort zu grundsätzlicher Anwendung, wo die Menschen fähig geworden sind, auf dem Wege freier und gleichberechtigter Erörterung fortzuschreiten.
John Stuart Mill

Das Recht ist der Inbegriff der Bedingungen, unter denen die Willkür des einen mit der Willkür des anderen nach einem allgemeinen Gesetz der Freiheit in Einklang gebracht werden kann.
Immanuel Kant

Das Reich der Freiheit beginnt erst da, wo das Arbeiten, das durch Not und äußere Zweckmäßigkeit bestimmt ist, aufhört.
Karl Marx

Das Ringen um den Preis der Freiheit ist das Ziel, das jeder Seele vorschwebt, und jeder Siegende muss Kämpfer gewesen sein.
Henriette von Paalzow

Das Reich der Freiheit kommt auch nicht mit stufenweiser Verbesserung von Gefängnisbetten.
Ernst Bloch

Das Schicksal reicht tief auch in unsere Inneres, aber am tiefsten Punkte kann es die Freiheit nicht verdrängen.
Rudolph Christoph Eucken

Das Sichere

Wer stets den Glauben hat verteidigt,
wird sicher etwas in der Welt.
Doch wer der Freiheit sich vereidigt,
der ist ein vogelfreier Held.
Emil Claar

Das Siegel der erreichten Freiheit: sich nicht mehr vor sich selber schämen.
Friedrich Nietzsche

Das Ungeheure, das einem Menschen eingeräumt ist, ist die Wahl, die Freiheit.
Sören Kierkegaard

Das Vermögen, die Motive des Wollens schlechthin selbst hervorzubringen, ist die Freiheit.
Immanuel Kant

Das Volk hat nur da die Freiheit missbraucht, wo es sie sich genommen, nicht da, wo man sie ihm gegeben.
Louis Thièrs

Das Volk von Paris hat die Welt befreit und nicht mal ein Trinkgeld dafür angenommen.
Heinrich Heine

Das Wahlrecht steht im Zentrum des Freiheitskampfes.
Nelson Mandela

Das wahre Glück besteht darin, sich frei entfalten zu können.
Théophile Gautier

Das Weib wird durch die Ehe frei; der Mann verliert dadurch seine Freiheit.
Immanuel Kant

Das Wesen besteht immer und auf allen Gebieten in der freien Selbstbestimmung aus inneren Gründen ohne äußeren Zwang. Diese freie Selbstbestimmung und Wahl ist auch die notwendige Voraussetzung der politischen und sozialen Freiheit.
Wilhelm Emmanuel Freiherr von Ketteler

Das Wort Freiheit hat die meisten Menschen zu Gefangenen gemacht.
Wilhelm Schlichting

Das Wort Freiheit klingt so schön, dass man es nicht entbehren könnt, auch wenn es einen Irrtum bezeichnete.
Johann Wolfgang von Goethe

Das Ziel des Lebens ist Freiheit von Wahn.
Antisthenes

Dass Zeit nicht reicht, den Durst nach Freiheit zu löschen, ist gewiss. Denn häufig hört man, dass in einer Stadt die Freiheit von Männern wiedererkämpft wurde, die sie selbst niemals genossen hatten, sondern sie allein aufgrund der Erinnerung liebten, die sie aus der Zeit ihrer Väter haben und darum die wiedergewonnene Freiheit standhaft unter jeder Gefahr schützen.
Niccolò Macchiavelli

Dem Vogel ist ein einfacher Zweig lieber als ein goldener Käfig.
aus Russland

Demokratie entsteht, wenn man nach Freiheit und Gleichheit aller Bürger strebt und die Zahl der Bürger, nicht aber ihre Art berücksichtigt.
Aristoteles

Demokratie ist die Wahl durch die beschränkte Mehrheit anstelle der Ernennung durch die bestechliche Minderheit.
George Bernard Shaw

Den Wein der Freiheit nippt man nicht, man trinkt ihn aus dem Vollen.
Robert Eduard Prutz

Denken heißt überschreiten.
Ernst Bloch

Denn ein Volk ist nur frei, wenn es aus lauter Herren besteht, da Freiheit die Achtung der Rechte anderer zu ihrer Bedingung hat und darum das Vorhandensein von Rechten anderer verlangt, um selbst existieren zu können.
Paul Anton de Lagarde

Denn Freiheit ist nie wirklich Freiheit bloß Einzelner. Jeder Einzelne ist frei in dem Maße, als die anderen frei sind.
Karl Jaspers

... denn Inbrunst ist die Freiheit der Gestalt vom Zwang der Welt, vom Bann der eignen Seele.
Richard FedorLeopold Dehmel

Der Baum der Freiheit wächst nur begossen mit dem Blut des Tyrannen.
Bertrand Barère de Vieuzac

Der Despotismus ist bequemer als die Freiheit, wie das Laster bequemer als die Tugend ist. *Friedrich Heinrich Jacobi*

Der Dienst der Freiheit ist ein strenger Dienst.
Er trägt nicht Gold, er trägt nicht Fürstengunst.
Er trägt Verbannung, Hunger, Schmach und Tod;
Und doch ist dieser Dienst der höchste Dienst,
ihm haben unsere Väter sich geweiht,
ihm hab auch ich mein Leben angelobt,
er hat mich viel gemühet, nie gereut. *Ludwig Uhland*

Der Drang nach Freiheit war der Ursprung des Protestantismus. *Carl von Ossietzki*

Der erste Seufzer der Kindheit gilt der Freiheit. *Luc de Clapier Vauvenargues*

Der Engländer liebt die Freiheit wie sein rechtmäßiges Weib. Er besitzt sie, und wenn er sie auch nicht mit absonderlicher Zärtlichkeit behandelt, so weiß er sie im Notfall wie ein Mann zu verteidigen. Der Franzose liebt die Freiheit wie seine erwählte Braut. Er wirft sich zu ihren Füssen mit den überspanntesten Beteuerungen. Er schlägt sich für sie auf Tod und Leben. Er begeht für sie tausenderlei Torheiten. Der Deutsche liebt die Freiheit wie seine alte Großmutter. *Heinrich Heine*

Der Erfolg ist jedem sicher, der ihn sich wirklich wünscht. Unterschätze niemals Deine Träume! Du musst einen Pakt mit ihnen schließen. Sie sind die Quelle einer unerschöpflichen Kraft, die Dir erlaubt zu siegen. Hinter dem Hindernis öffnet sich eine ganz neue Freiheit, ein viel weiterer Horizont. *Tibetische Weisheit*

Der Eine fragt: Was kommt danach? Der andre fragt nur: Ist es recht? Und also unterscheidet sich der Freie von dem Knecht.
Theodor Storm

Der freie Mann ist der, der sich nicht fürchtet, bis zur äußersten Grenze seines Verstandes zu gehen.
Jules Renard

Der freie Mensch denkt über nichts weniger nach als über den Tod: seine Weisheit ist nicht ein Nachsinnen über den Tod, sondern über das Leben.
Benedictus Spinoza

Der freie Wille besteht nicht in der Freiheit, das zu tun, was man tun möchte, sondern in der Kraft, das zu tun, was getan werden muss, auch wenn es uns innerlich widerstrebt.
George MacDonald

Der freie Mensch handelt niemals arglistig, sondern stets aufrichtig.
Baruch de Spinoza

Der freieste Mensch ist der, welcher die wenigsten Vorurteile besitzt.
César Chesneau Du Marsais

Der Freiheit Hauch weht mächtig durch die Welt. Ein freies, frohes Leben uns wohlgefällt.
Albert Gottlieb *Methfessel*

Der Freiheit Gräber sind der Zukunft Wiegen.
Adam Mickiewicz

Der Freiheit Weg geht durch des Todes Schmerz.
Th. Körner

Der Freiheit Kampf, einmal begonnen, vom Vater blutend auf den Sohn vererbt, wird immer, wenn auch schwer gewonnen.
Lord George Gordon Noel Byron

Der für die Freiheit ficht und für sie fällt, der ist unsterblich.
Christo Botew

Der Gebrauch der Freiheit schließt Mißbrauch immer ein.
Christoph Hein

Der Gedanke, dass der Mensch frei ist, ist schwerer zu finden gewesen als der, dass die Erde sich um die Sonne bewege; für ersteren lässt sich kein Kopernikus benennen.
18Rudolf von Ihering

Der Geist der Freiheit lebt in den Herzen der Menschen. Stirbt er dort, so kann ihn keine Verfassung, kein Gesetz retten.
Anonymus

Der Geist der Wahrheit und der Geist der Freiheit - dies sind die Stützen der Gesellschaft.
Henrik Ibsen

Der Glaube an eine größere und bessere Zukunft ist einer der mächtigsten Feinde gegenwärtiger Freiheit.
Aldous Huxley

Der Gütige ist frei, auch wenn er ein Sklave ist. Der Böse ist ein Sklave, auch wenn er ein König ist.
Augustinus Aurelius

Der Himmel ist hoch und der Zar ist weit.
aus Russland

Der Herr aber ist der Geist, und wo der Geist des Herrn wirkt, da ist Freiheit.
2.Korinther 5,1

Der Hund läuft hinter dem Hasen her, der Hase hinter der Freiheit.
aus Russland

Der höchste Grad an politischer Freiheit liegt unmittelbar am Despotismus an.
Georg Christoph Lichtenberg

Der ist kein freier Mensch, der sich nicht auch einmal dem Nichtstun hingeben kann.
Marcus Tulius Cicero

Der Knecht singt gerne ein Freiheitslied des Abends in der Schenke.
Heinrich Heine

Der Knechtschaft Stand ist hart, doch besser jederzeit als Freiheit ohne Sicherheit.
Magnus Gottfried Lichtwer

Der König versichert seinen Untertanen solange, er sei liberal, bis sie sich erdreisten, es ihm zu glauben.
Christian Friedrich Hebbel

Der Krieg ist die Freiheit gewisser Barbaren, darum ist es Wunder, dass sie ihn lieben.
Friedrich Hebbel

Der Mann, dem die Frau das größte Maß von Freiheit gewährt, fühlt sich von ihr am stärksten gefesselt.
Lebensweisheit

De Mensch befindet sich niemals im Genuss uneinge-
schränkter Freiheit, sondern er besitzt nur eine zweite
Ordnung; zum Beispiel steht es ihm frei, das oder das zu
essen, nicht aber, überhaupt nicht zu essen.
Antoine Comte de Rivaról

Der Mensch, der verurteilt ist, frei zu sein, trägt das ganze
Gewicht der Welt auf seinen Schultern; er ist, was seine
Sehensweise betrifft, verantwortlich für die Welt und für sich
selbst.
Jean Paul Sartre

Der Mensch, der von der Vernunft geleitet wird, ist freier in
einem Staate, wo er nach gemeinsamem Beschlusse lebt,
als in der Einsamkeit, wo er sich allein gehorcht.
Baruch de Spinoza

Der Mensch hat von Natur einen so großen Hang zur
Freiheit, dass, wenn er erst eine Zeit lang an sie gewöhnt
ist, er ihr alles opfert.
Immanuel Kant

Der Mensch ist das Wesen, das dazu verurteilt ist,
Notwendigkeit in Freiheit umzusetzen.
Jose Ortega y Gasset

Der Mensch ist ein Naturwesen auf der untersten Stufe,
dann ist er ein Gesellschaftswesen, und darüber hinaus ist
er ein freies Wesen.
Joseph Beuys

Der Mensch ist frei, aber er ist nicht mehr frei, wenn er nicht
an seine Freiheit glaubt.
Ciacomo Girolamo Casanova

Der Mensch ist verurteilt, frei zu sein.
Jean Paul Sartre

Der Mensch ist nicht geboren, frei zu sein.
Johann Wolfgang von Goethe

Der Mensch ist frei geboren, und liegt doch überall in Ketten.
Jean-Jacques Rousseau

Der Mensch ist frei geschaffen, ist frei,
Und würd' er in Ketten geboren.
Lasst Euch nicht irren des Pöbels Geschrei,
nicht den Mißbrauch rasender Toren.
Vor dem Sklaven, wenn er die Kette bricht,
Vor dem freien Menschen erzittert nicht! Friedrich von Schiller

Der Mensch ist frei wie der Vogel im Käfig; er kann sich innerhalb gewisser Grenzen bewegen.
Johann Kaspar Lavater

Der Mensch ist für eine freie Existenz gemacht, und sein innerstes Wesen sehnt sich nach dem Vollkommenen, Ewigen und Unendlichen als seinem Ursprung und Ziel.
Matthias Claudius

Der Mensch ist nicht frei geboren, sondern zur Freiheit berufen. Denn der Begriff Freiheit ist Selbstbestimmung.
Moritz Carrière

Der Mensch ist nur dann unfrei, wenn er wider seine vernünftige Natur handelt.
Lew Nikolajewitsch Graf Tolstoi

Der Mensch ist nur frei, wenn er eine Wahl treffen kann.
Anonymus

Der Mensch ist zur Freiheit verdammt. Jean Paul Sartre

Der Mensch kann sich nicht freier fühlen, als wenn er unter einem Drucke lebt, den er um des Guten willen selbst auf sich genommen hat und nun mit edler Verleugnung trägt.
Anonymus

Der Mensch wird erst frei sein, wenn der letzte König mit den Eingeweiden des letzten Priesters erdrosselt wird.
Denis Diderot

Der Mensch wird nicht frei geboren, er wird geboren, um frei zu werden. Georg Friedrich Wilhelm Hegel

Der moralisch gebildete Mensch, und nur dieser, ist ganz frei. Friedrich von Schiller

Der revolutionären Freiheit, welche diese als möglichste Losgebundenheit des Einzelnen vom Staate und von allen anderen Einzelnen auffasst und erstrebt, folgt mit innerer Notwendigkeit und nach geschichtlicher Erfahrung immer die Despotie auf dem Fuße. Albert Eberhard Friedrich Schäffle

Der Schmetterling, der von Blume zu Blume flattert, bleibt immer mein; den ich im Netz fange, verliere ich.
Rabindranath Tagore

Der schrankenlose Geist ist darum nur gefangen in Schranken, um darin zur Freiheit zu gelangen. Friedrich Rückert

Der sicherste Test zur Beurteilung, ob ein Land wirklich frei ist, ist die Summe der Freiheiten, die Minderheiten gewährt werden.
John Emeric Edward

Der Preis der Freiheit ist stetige Wachsamkeit. Thomas Jefferson

Der Sklave will nicht frei werden. Er will Sklavenaufseher werden.
Gabriel Laub

Der typische Demokrat ist immer bereit, die theoretischen Segnungen der Freiheit gegen etwas einzutauschen, was er gebrauchen kann.
Henry Louis Mencken

Der Traum ist der beste Beweis dafür, dass wir nicht so fest in unsere Haut eingeschlossen sind, als es scheint.
Friedrich Hebbel

Der Staat ist die Wirklichkeit der konkreten Freiheit.
G.W. Friedrich Hegel

Der Unterschied zwischen Freihit und Freiheiten ist so groß wie zwischen Gott und Göttern.
Ludwig Börne

Der Vogel im Käfig weiß nicht, das er nicht fliegen kann.
Jules Renard

Der Wert eines Menschen bestimmt sich nach seiner Freiheit – nach der, die er hat, und nach der, die er bewilligt.
Otto Flake

Der Zweck des Erdenlebens der Menschheit ist der, dass sie in demselben alle ihre Verhältnisse mit Freiheit nach der Vernunft einrichten.
Johann Gottlieb Fichte

Derjenige, der für sich am meisten Freiheit beansprucht, möchte sie am liebsten seine, Nächststehenden entziehen.
Wilhelm Vogel

Des Freiesten Freiheit ist es, Recht zu tun.
Johann Wolfgang von Goethe

Die Arbeit ist die Grundlage allen menschlichen Fortschritts, durch die Arbeit allein ist es der Menschheit gelungen, sich über das Tier zu erheben, sich von der Sklaverei der Natur zu befreien.
Wilhelm Liebknecht

Die Armut hat ihre Freiheiten, der Reichtum seine Zwänge.
Denis Diderot

Die äußere Freiheit der vielen leitet sich ab aus der inneren Freiheit der einzelnen.
Theodor Heuss

Die Befreiung der Arbeiterklasse muss das Werk der Arbeiterklasse selbst sein.
Karl Marx und Friedrich Engels

Die Befreiung von der Unterdrückung ist ein Menschenrecht und das höchste Ziel jedes freien Menschen.   Nelson Mandela

Die Beherrschung unserer Leidenschaften ist der wahre Fortschritt in der Freiheit.
John Locke

Die Blumen, die auf den Gipfeln der Berge blühen, würden ihren Platz niemals mit der Gartenrose tauschen. aus Armenien

Die Bosheit und Missgunst kann sich den Anschein von Freiheit geben. Tacitus

Die christliche Religion ist die Religion der absoluten Freiheit. G.W.Friedrich Hegel

Die Dekadenz der Freiheit kündigt sich damit an, dass sie so lüstern wird sich auch ihren Feinden hinzugeben. Lucius Annaeus Seneca

Die, die grundlegende Freiheiten aufgeben, um vorübergehend ein wenig Sicherheit zu bekommen, verdienen weder Freiheit noch Sicherheit. Benjamin Franklin

Die drei großen Feinde der Unabhängigkeit sind die Habenichtse, die Reichen und die Parteien. Friedrich Nietzsche

Die echte Freiheit ist nicht eine Freiheit von etwas sondern eine Freiheit für etwas. Anonymus

Die Ehe ist die exemplarische Bindung, sie trägt uns in die große Gebundenheit, und nur als Gebundene können wir in die große Freiheit der Kinder Gottes gelangen. Martin Buber

Die Einheit macht der Tyrann, die Freiheit das Volk. Friedrich Theodor von Vischer

Die Eifersucht lässt dem Verstand niemals genügend
Freiheit, um die Dinge zu sehen, wie sie sind!
Miguel de Cervantes

Die einzige Freiheit, die diesen Namen verdient, ist das
Recht, unser Wohlergehen auf unserem eigenen Wege zu
verfolgen, solange wir nicht anderen das ihrige verkümmern
oder ihr darauf gerichteten Bemühungen durchkreuzen.
John Stuart Mill

Die Erlangung der Freiheit zahlt ihren Preis oft behufs der
Aufgabe von Prinzipien.
Wilhelm Karl August Bechius

Die Erziehung zur Freiheit findet man nicht in den Schulen,
und erlangt sie nicht aus Büchern, sondern sie besteht aus
Selbstbeherrschung, aus Selbstachtung und aus Selbst-
regierung.
Henry Thomas Buckle

Die Erlösung liegt nicht in des Menschen, sondern in Gottes
Macht.
Anonymus

Die Fähigkeit, das Wort "Nein" auszusprechen, ist der erste
Schritt zur Freiheit.
Nicolas Chamfort

Die Frage nach der Willensfreiheit ist wirklich ein
Probierstein, an welchem man die tief denkenden Geister
von den oberflächlichen unterscheiden kann, oder ein
Grenzstein, wo beide auseinandergehen, indem die
ersteren sämtlich das notwendige Erfolgen der Handlung,
bei gegebenem Charakter und Motiv, behaupten, die
letzteren hingegen, mit dem großen Haufen, der
Willensfreiheit anhängen.
Arthur Schopenhauer

Die Frauen haben es auf dieser Erde viel besser als die Männer. Ihnen sind viel mehr Dinge verboten.   Oscar Wilde

Die Freigiebigkeit erwirbt einem jeden Gunst; vorzüglich, wenn sie von Demut begleitet wird.   Johann Wolfgang von Goethe

Die Freiheit beginnt mit der Ironie.   Victor Marie Hugo

Die Freiheit besteht darin, dass man alles das tun kann, was einem anderen nicht schadet.   Matthias Claudius

Die Freiheit besteht in erster Linie nicht aus Privilegien, sondern aus Pflichten. Freiheit ist ein Gut, das durch Gebrauch wächst, durch Nichtgebrauch dahinschwindet.
   Carl Friedrich v. Weizäcker

Die Freiheit der Meinung setzt voraus, dass man eine hat.
   Heinrich Heine

Die Freiheit der Phantasie ist keine Flucht in das Unwirkliche; sie ist Kühnheit und Erfindung.   Eugène Ionesco

Die Freiheit der Rede hat den Nachteil, daß immer wieder Dummes, Häßliches und Bösartiges gesagt wird. Wenn wir aber alles in allem nehmen, sind wir doch eher bereit, uns damit abzufinden, als sie abzuschaffen.   Winston Churchill

Die Freiheit der Seelen ist die Freiheit der Welt.
   Jean Baptiste Henri de Lacordaire

Die Freiheit des Denkens trägt die Früchte der Wahrheit.
Claude Adrien Helvetius

Die Freiheit des Einzelnen ist keine Gutmütigkeit der Zivilisation. Sie war vor jeder Zivilisation an ihrem höchsten Punkt.
Sigmund Freud

Die Freiheit des Menschen liegt nicht darin, dass er tun kann, was er will, sondern, dass er nicht tun muss, was er nicht will.
Jean-Jacques Rousseau

Die Freiheit, die freie Entfaltung; Himmel und Erde vereinen sich und stimmen miteinander überein. Der begabte Mensch nimmt die Stellung ein, die ihm entspricht, und das Glück der Freiheit beherrscht alle Wesen.
Anonymus

Die Freiheit, die schwer errungen die Alten, möge die Nachwelt würdig erhalten.
Libertatem quam peperere majores digne studeat servare posteritas.
Spruch über dem Portal des Hamburger Rathauses

Die Freiheit eines jeden hat als logische Grenzen die Freiheit der anderen.
Alphonse Karr

Die Freiheit eines Volkes beruht ungleich stärker auf seiner Verwaltung als auf seiner Verfassung.
Barthold Georg Niebuhr

Die Freiheit existiert, und auch der Wille existiert; aber die Willensfreiheit existiert nicht, denn ein Wille, der sich auf seine Freiheit richtet, stößt ins Leere.
Thomas Mann

Die Freiheit, für die man kämpft, ist eine Geliebte, um die man sich bewirbt. Die Freiheit, die man hat, ist eine Gattin, die uns unbestritten bleibt. Glauben Sie, dass ein braver Mann sein Weib nicht liebt, weil sein Herz still und friedlich ist?
Ludwig Börne

Die Freiheit gleicht jenen derben und saftreichen Nahrungsmitteln, oder jenen edlen Weinen, welche die daran gewöhnten robusten Naturen ernähren und kräftigen, während sie die Schwachen und Zarten überwältigen, berauschen und zugrunde richten.
Jean Jacques Rousseau

Die Freiheit hat keinen anderen Wert, als den eines richtigen Gebrauchs. So von der politischen bis zur akademischen Freiheit und von der Freiheit der Selbstbeherrschung bis zur künstlerischen Freiheit.
Johann Friedrich Herbart

Die Freiheit gefällt allen, am meisten aber denen, die den anderen keine lassen wollen.
Francesco Domenico Guerrazzi

Die Freiheit gleicht der knospenden Rose,
die sanft der Lenz mit warmem Kuss
zu voller Pracht erschließen muss.
Doch wenn voll Ungeduld gedankenlose
Bethörte Knaben an ihr zupfen
und ihr zu früh das Grün entrupfen,
das kronenähnlich ihre zarten Blätter
beschirmt vor Sonnenbrand und Wetter,
so welkt sie schnell und rettungslos
bevor erblüht ihr keuscher, holder Schoß.
Wilhelm Jordan

Die Freiheit ist alt und der Despotismus ist neu.
Frau von Stael

Die Freiheit „hat" man nicht, wie irgend etwas, was man auch verlieren kann, sondern die Freiheit „bin ich". Victor Frankl

Die Freiheit in allen ihren moralischen Widersprüchen und physischen Übeln ist für edle Gemüter ein unendlich interessanteres Schauspiel als Wohlstand und Ordnung ohne Freiheit. Friedrich von Schiller

Die Freiheit ist bei der Macht allein. Friedrich von Schiller

Die Freiheit ist das Recht des Menschen, nach den Forderung der Vernunft und Sitte zu leben. Die Vernunft ist in steter Fortentwicklung, die Sitte in steter Weiterentwicklung begriffen. Deshalb begehrt jedes Zeitalter einen neuen Inhalt der Freiheit. Heinrich von Sybel

Die Freiheit ist der Atem des Lebens. Alfred Delp

Die Freiheit ist der Charakter der Vernünftigkeit.
G.W. Friedrich Hegel

Die Freiheit ist der Zement, der die Nationen verbindet.
Anonymus

Die Freiheit ist die Blüte des Gesetzes. Clemens Brentano

Die Freiheit ist eigentlich ein Vermögen, alle willkürlichen Handlungen den Bewegungsgründen der Vernunft unterzuordnen. Immanuel Kant

Die Freiheit ist die ewige Jugend der Nationen
Manuel Foy

Die Freiheit ist ein Gut, das alle andere Güter zu genießen erlaubt.
Charles de Secondat, Baron de la Brède et de Montesquieu

Die Freiheit ist ein Luxus, den sich nicht jedermann gestatten kann.
Otto Eduard Leopold von Bismarck

Die Freiheit ist ein System der Tapferkeit
Charles Pierre Péguy

Die Freiheit ist ein Tyrann, der von seinen Launen beherrscht wird.
Joseph Joubert

Die Freiheit ist ein vager Begriff.
Otto Eduard Leopold von Bismarck

Die Freiheit ist eine Frucht, die in der Religion lebt.
Bernardo Lopez Garcia

Die Freiheit ist eine neue Religion, die Religion unserer Zeit.
Heinrich Heine

Die Freiheit ist eine Summe aller mikroskopischer Unfreiheiten.
Peter Hille

Die Freiheit ist eine unveräußerliche Mitgift der Künste; und nur aus diesem Grunde nennt man sie „freie Künste".
Friedrich List

Die Freiheit ist einer der kostbarsten Schätze der Vorstellungskraft. *Ambrose Gwinnett Bierce*

Die Freiheit ist etwas wertvolles. So wertvoll, dass man sie nur portionsweise vergeben darf. *Wladimir Iljitsch Lenin*

Die Freiheit ist immer in der Defensive und daher in Gefahr. Wo die Gefahr in der Bevölkerung nicht mehr gespürt wird, ist die Freiheit fast schon verloren. *Karl Jaspers*

Die Freiheit ist in Gefahr, wenn man nicht erkennt, „wie viele arme Nützlichkeitsseelen vorhanden sind, die zu jeder Knechtschaft bereit sind, wenn man sie nur in Ruhe lässt. Man will sich nicht kompromittieren, nicht anstoßen, nicht stören, nicht unbequem werden. *Friedrich Naumann*

Die Freiheit ist immer die Freiheit des Andersdenkenden. *Rosa Luxemburg*

Die Freiheit ist keine Ankündigung, die man an den Straßenecken liest; sie ist eine lebende Macht, die man in sich und um sich fühlt, der Schutzgeist des häuslichen Herdes, die Bürgschaft der geselligen Rechte, und ist das erste dieser Rechte. *Hugues-Félicité Robert de Lamennais*

Die Freiheit ist jedem gegeben. Wenn der Mensch sich zum Guten wenden und ein Gerechter werden will, so kann er das. *Moses Maimonides*

Die Freiheit ist lediglich negativ. *Oswald Spengler*

Die Freiheit ist mein Leben und bleibt es allezeit.
August Heinrich Hoffmann von Fallersleben

Die Freiheit ist nicht die Willkür, beliebig zu handeln, sondern die Fähigkeit, vernünftig zu handeln.
Rudolph Virchow

Die Freiheit ist nicht etwas, das in den äußeren Verhältnissen liegt. Sie liegt in den Menschen. Wer frei sein will, der ist frei.
Paul Ernst

Die Freiheit ist nicht die Willkür, beliebig zu handeln, sondern die Fähigkeit, vernünftig zu handeln.
Rudolph Virchow

Die Freiheit ist teurer als Gold.
aus Ungarn

Die Freiheit ist wie das Meer: Die einzelnen Wogen vermögen nicht viel, aber die Kraft der Brandung ist unwiderstehlich.
Václav Havel

Die Freiheit ist nicht in die Welt gekommen, um dem gesunden Menschenverstand den Garaus zu machen.
Josè Ortega y Gasset

Die Freiheit ist wie Licht und Sonne – man muss sie verloren haben, um zu verstehen, dass man ohne sie nicht leben kann.
Giacomo Matteotti

Die Freiheit kann nicht untergehen, solange Schmiede Eisen hämmern.
Ernst Moritz Arndt

Die Freiheit lässt sich nicht gewinnen, sie wird von außen nicht erstrebt. Wenn nicht zuerst sie selbst tief drinnen, im eignen Busen dich belebt.
Robert Prutz

Die Freiheit macht die Menschen nicht glücklich, sie macht sie ganz einfach zu Menschen.
Manuel Azana

Die Freiheit oder die Stärke des Geistes ist die Tugend der Einzelnen; die Sicherheit aber ist die Tugend des Staates.
Benedictus Spinoza

Die Freiheit ohne Organisation führt durch die Anarchie zur Knechtheit.
Rudolf Virchow

Die Freiheit stirbt zentimeterweise.
aus England

Die Freiheit tut noch mehr Wunder als der heilige Antonius von Padua.
Pascal Paoli

Die Freiheit und eine Hure sind die kosmopolitischsten Dinge unter der Sonne.
Georg Büchner

Die Freiheit wohnt an Don und Belt,
sie trinkt aus unserem Rhein,
die Freiheit schläft im Wüstenzelt
und glänzt im Sternenschein;
doch muss man um sie werben,
wo's immer sei.
Doch muss man für sie sterben,
dann wird man frei.
Georg Herwegh

Die Freiheit wird einem nicht angeboren, sie wird nicht
geschenkt, sie will erarbeitet sein.   Adolph Diesterweg

Die Freiheit zieht sich selbst die engsten Grenzen.
  Wilhelm Vogel

Die Freiheiten, die man zu Zeiten dem Volke gestattete,
sollten nichts als Proben sein, ob wohl die Ketten noch gut
anliegen.   Carl Ludwig Börne

Die Freiheitsliebe ist eine Kerkerblume, und erst im
Gefängnis fühlt man den Wert der Freiheit.   Heinrich Heine

Die Gedankenfreiheit haben wir. Jetzt brauchen wir nur
noch die Gedanken.   Karl Kraus

Die ganze Geschichte beweist, dass Freiheit und Gleichheit
nicht dasselbe sind, und dass Freihit durchaus nicht von der
Gleichheit abhängt.   Konstantin Petrowitsch Pobedonoszew

Die ganze Neurose ist oft ein kunstvolles Arrangement, ein
Schauspiel des Menschen vor sich selbst, mit dem Zweck,
die Freiheit zu verleugnen.   Jean Paul Sartre

Die Gedankenfreiheit ist die einzig wahre und die größte
Freiheit, die der Mensch erreichen kann.   Maxim Gorkij

Die geistige Freiheit soll für immer verbunden leiben mit
ernster Gewissenhaftigkeit.   Friedrich Rittelmeyer

Die Gerechtigkeit ist die Freiheit derer, welche gleich sind; die Ungerechtigkeit ist die Freiheit derer, welche ungleich sind. Friedrich Heinrich Jacobi

Die Gerechtigkeit ist die Hüterin des Lebens und der Freiheit der Bürger. Claude Adrien Helvetius

Die Geschichte der Freiheit ist die Geschichte des Widerspruchs. Thomas Woodrow Wilson

Die glücklichen Sklaven sind die erbittertsten Feinde der Freiheit. Marie von Ebner-Eschenbach

Die Grenze der Freiheit bestimmen die Anrainer.
Stanislaw Jerzy Lec

Die Glücksarten der Menschen sind eben verschieden. Den enen sin Uhl is den annern sin Nachtigall. Mir ist die Freiheit Nachtigall, den andern Leuten das Gehalt. Theodor Fontane

Die große Freiheit des Künstlers ist, dass er keine hat; versteh's wer kann. Ernst Barlach

Die halbe Welt ist leichter zu erobern, als eine Hufe Land's wo Freiheit wohnt. Johann Freiherr von Auffenberg

Die Heimat ist weit, doch wir sind bereit. Wir kämpfen und siegen für dich: Freiheit. Paul Dessau

Die Heranbildung zur inneren Freiheit, nächst der Sorge für die leibliche Gesundheit ist ebenso wesentlich bedingt durch Selbstzucht und Regierung, die in das Gemütsleben eingreifen, als durch die Entwicklung der Intelligenz.. Theodor Waitz

Die höchste Freiheit entspringt aus der bewussten Reinheit der Intention. Neue Freie Presse

Die höchste Stufe des menschlichen Elends ist die Angst vor dem, was den Menschen von seinem Elend befreien könnte: die Angst vor dem Tod. Sully Prudhomme

Die Idee des Rechts ist die Freiheit. G.W. Friedrich Hegel

Die Illusion von Grenzen macht uns erst lebensfähig.
Anselm Kiefer

Die Hoffnung auf den Sperling fern am Dachesrand ist schöner als die schönste Taube in der Hand.
Marie von Ebner-Eschenbach

Die individuelle Freiheit ist kein Kulturgut. Sie war am größten von jeder Kultur. Sigmund Freud

Die innere Freiheit erfordert die Ablehnung jegliches Zwanges, der unsere Würde verletzt. Fausto Cercignani

Die Kunst ist eine Tochter der Freiheit. Friedrich von Schiller

Die letzte der menschlichen Freiheiten besteht in der Wahl
der Einstellung zu den Dingen
                                                            Victor Frankl

Die materielle Freiheit ist die erste, notwendige Stufe der
wahren Freiheit.   Franz Freiherr von Dinglstedt

Die meisten Laster sind Tugenden, die sich nicht voll
entfalten können.   Marguerite Duras

Die meisten Menschen wollen die Freiheit nicht wirklich, weil
Freiheit Annahme von Verantwortung bedeutet. Die meisten
Menschen zittern vor solcher Annahme.   Sigmund Freud

Die Menschen sind doch sonderbare Wesen. Die Freiheit,
die sie haben, benutzen sie nicht, aber verlangen die, die
sie nicht haben: Sie haben Denkfreiheit und verlangen
Redefreiheit.   Sören Kierkegaard

Die meisten von uns haben die Wahl, aus dieser Welt
entweder einen Palast oder ein Gefängnis zu machen.
                                                             John Lubbock

Die Menschen können nicht frei werden, ohne zur Freiheit
erzogen zu sein.   Henry Thomas Buckle

Die Menschen sind es, die begreifen müssen, dass man
Menschen nicht kaufen und verkaufen darf. Und Voraus-
setzung dafür ist die Freiheit und nicht die Einmischung der
Regierung, und zwar vor allem eine Freiheit, die durch
Enthaltsamkeit gewonnen wird.   Leo Nikolajewitsch Graf Tolstoi

Die Menschen sind ständig von zwei widerstreitenden Leidenschaften geplagt; sie fühlen das Bedürfnis geführt zu werden, und dabei die Lust, frei zu bleiben.
Charles Alexis Henri Clérel de Tocqueville

Die Menschen sollen nicht Herren und Knechte sein, denn alle Menschen sind zur Freiheit geboren.
Abraham Lincoln

Die Menschen werden frei und an Rechten gleich geboren und bleiben es. Die gesellschaftlichen Unterschiede können nur auf den allgemeinen Nutzen begründet werden.
Artikel 1 der von der franz. Nationalversammlung am 26.8.1789 beschlossenen Menschenrechtserklärung

Die menschliche Freiheit besteht lediglich darin, dass sich die Menschen ihres Wollens bewusst und der Ursachen, von denen sie bestimmt werden, unbewusst sind.
Benedictus Spinoza

Die Menschen wollen durchaus frei sein, sich gegenseitig zugrunde zu richten.
Johann Gottlieb Fichte

Die Menschheit zur Freiheit zu führen, das heißt: sie zum Miteinanderreden zu bringen.
Karl Jaspers

Die Nöte des Menschen sind ohne Zahl. Und doch kann ihm nichts Schlimmeres zustoßen als der Verlust der Freiheit.
Ho Ci Minh

Die Phantasie ist das Vermögen der Freiheit im Menschen.
José Ortega y Gasset

Die neue Generation ist der Meinung, dass sie freier lebt als die alte. Das ist ein Irrtum. Wir bekamen unsere Prügel von den Eltern. Die Jungen beziehen sie direkt vom Leben.
Waldemar Bonsels

Die politische Freiheit hat das Volk nicht vor sozialer Ungerechtigkeit bewahrt.
Rosa Luxemburg

Die politische Freiheit besteht nicht darin, zu tun, was man will. In einem Staat, das heißt in einer Gesellschaft, in der es Gesetze gibt, kann die Freiheit nur darin bestehen, das tun zu können, was man wollen darf, und nicht gezwungen zu sein, zu tun, was man nicht wollen darf. [...] Freiheit ist das Recht, alles zu tun, was die Gesetze erlauben. Wenn ein Bürger tun könnte, was die Gesetze verbieten, so hätte er keine Freiheit mehr, weil die anderen ebenfalls diese Macht hätten.
Charles de Secondat, Baron de La Brède et de Montesquieu

Die politische Selbständigkeit eines freiheitlich organisierten Volkes ist jedem anderen Gutes für immer vorzuziehen.
Carl Hilty

Die Religionsfreiheit ist die Freiheit des Gedankens, des Gewissens und des Lebens in Sachen der Religion; die Freiheit zu glauben und nicht zu glauben, die Freiheit für Gelehrte, für die Priester und für die Gläubigen. Der Staat schuldet ihnen allen dasselbe Maß und denselben Schutz in der Ausübung ihres Rechts.
Francois Pierre Guillaume Giuzot

Die Sicherheit und die persönliche Freiheit sind die einzigen Dinge, die ein Einzelwesen nicht gewähren kann.
Honoré Gabriel de Riquieti Graf von Mirabeau

Die schönste Frucht der Selbstgenügsamkeit ist die Freiheit.
Epikur

Die schönsten Träume von Freiheit werden im Kerker geträumt.
Friedrich von Schiller

Die sittliche Freiheit macht allein den Menschen erst in Wahrheit zum Herrn über sich selbst; denn der Trieb der bloßen Begierde ist Sklaverei und der Gehorsam gegen das Gesetz, das man sich selbst gegeben hat, ist Freiheit.
Jean Jacques Rousseau

Die Selbständigkeit des Menschen ist das Unterpfand seiner Größe.
Alexander Sergejewitsch Puschkin

Die Sklaverei hält nur wenige Menschen, viele halten die Sklaverei fest.
Lucius Annaeus Seneca

Die sogenannte Freiheit des Menschen läuft darauf hinaus, dass er seine Abhängigkeit von den allgemeinen Gesetzen nicht kennt.
Christian Friedrich Hebbel

Die Sparsamkeit ist die Tochter der Vorsicht, die Schwester der Mäßigkeit und die Mutter der Freiheit.
Samuel Smiles

Die süßeste Frucht der Genügsamkeit ist die Unabhängigkeit.
Epikur von Samos

Die Unabhängigkeit und Freiheit der Menschen beruht weniger auf der Kraft der Arme als auf der Mäßigung der Herzen. Wer wenig begehrt, hängt von wenigem ab.
Jean Jacques Rousseau

Die Tugend des freien Menschen zeigt sich ebenso groß im Vermeiden wie im Überwinden von Gefahren. Baruch de Spinoza

Die Ungeübten sind gar nicht fähig, frei zu sein; aber das berechtigt niemand, ihnen Freiheit vorzuenthalten. Man wird frei im Gebrauch der Freiheit. Ludwig Marcuse

Die Verteidiger der Freiheit werden immer nur Geächtete sein, solange eine Horde von Schurken regiert! Maximilian de Robespierr

Die vielen Gestalten täuschender Unabhängigkeit, in die wir geraten können, macht die Unabhängigkeit selber verdächtig. Das ist gewiss: um wahre Unabhängigkeit zu gewinnen, bedarf es nicht nur der Durchhellung dieser Zweideutigkeiten, sondern auch des Bewusstseins der Grenzen aller Unabhängigkeit. Karl Jaspers

Die unumschränkte Freiheit des Denkens und die öffentliche Bekanntmachung der Gedanken eines Menschen gehören nicht zu den Rechten der Bürger. Leo XIII.

Die Völker, die daran gewöhnt sind, Herrscher über sch zu haben, können diese nicht mehr entbehren. Sie halten Zügellosigkeit, die der Freiheit entgegengesetzt ist, für Freiheit und geraten durch ihr Aufbegehren fast immer Verführern in die Hände. Jean Jacques Rousseau

Die Völker haben sich die Freiheit zum Ideal gesetzt. Wo aber auf der ganzen Welt gibt es ein freies Volk? Honoré de Balzac

Die wahre Freiheit ist die Freiheit einer Seele, welche die Eitelkeiten dieser Welt abgetan hat.
Anatole France

Die wahre Freiheit ist nichts anderes als Gerechtigkeit.
Johann Gottfried Seume

Die wahre Freiheit wird nämlich nicht durch Befriedigung aller Wünsche erreicht, sondern durch Ausrottung der Begierde.
Epiktet

Die wahre Liberalität ist Anerkennung. Johann Wolfgang v. Goethe

Die Wahrheit wird euch frei machen.
Johannes 8,32

Die Welt der Freiheit trägt der Mensch in seinem Innern. Und Tugend ist der Freiheit Götterkind. Christoph August Tiedge

Die Welt hat nie eine gute Definition für das Wort Freiheit gefunden.
Abraham Lincoln

Die Welt muss in jeder Richtung durch Freiheit zur Vollendung gelangen, nicht durch Zwang und Gewalt irgend einer Art. Der freiwillige Gehorsam jedes Einzelnen und allmählich ganzer Nationen gegenüber der großartigen sittlichen Weltordnung ist der Zweck und das Ziel der Weltgeschichte.
Carl Hilty

Die Weltgeschichte ist der Fortschritt im Bewusstsein der Freiheit.
G.W.Friedrich Hegel

Die Zukunft ist als Raum der Möglichkeiten der Raum unserer Freiheit.
                Karl Jaspers

Diejenige Änderung der Gesinnung, die einzig und allein Tat und Zeugnis der Freiheit ist, geschieht nicht auf der Außenseite, sondern im innersten Grunde des Charakters, sie ändert die von Selbstsucht getriebene Willensrichtung, sie ist eine Umwandlung. Wer nicht bis zu dieser Tiefe in sich einkehren und seinen natürlichen Charakter von hier aus bemeistern kann, der hat nicht den Gebrauch seiner Freiheit.
                Kuno Fischer

Diejenige Regierung wird die gewaltsamste sein, wo einem jeden die Freiheit, zu sagen und zu lehren, was er denkt, verweigert wird.
                Benedictus Spinoza

Dieses ist der Freien einz'ge Pflicht, das Reich zu schirmen, das sie selbst beschirmt.
                Friedrich von Schiller

Dieses trügerische Gespenst, welches die Menschen Freiheit nennen.
                John Ruskin

Drei Dinge von unschätzbarem Wert hat Gott unserem Land gegeben: die Freiheit der Rede, die Freiheit des Glaubens und die Vernunft, beide nicht in Anspruch zu nehmen.
                Mark Twain

Drei Faktoren müssen das Fundament alles öffentlichen Lebens bilden: Freiheit, Sicherheit, Selbsttätigkeit.
                N.Schtschedrin

Dreimal selig ist der Mann, der Herrendienst entraten kann.
Sprichwort

Du bist arm, ohne frei zu sein. Dies ist der elendste
Zustand, in den ein Mensch geraten kann.
Jean Jacques Rousseau

Du dienst, um der Freiheit wert zu sein.
Johann Wolfgang von Goethe

Du führtest sie zur Freiheit, und sie dachten an Raub.
Johann Christian Friedrich Hölderlin

Du kerkerst den Geist in tönend Wort,
doch der Freie wandert im Sturme fort.   Friedrich von Schiller

Du musst der Philosophie dienen, damit du die wahre
Freiheit erlangst.
Epikur

Du weißt, wie wohl einem bei Menschen ist, denen die
Freiheit des anderen heilig ist.   Friedrich von Schiller

Du willst in Freiheit vor dem Menschenbruder stehen – und
darum musst du seine Selbstbestimmung achten.
aus Fernost

Edle Freiheit, du wohnst nur da, wo die Gesetze regieren
und – Einer.   Johann Georg Fischer

Dürfen darf man alles, man muss es nur können. Kurt Tucholsky

Edler Freund, wo öffnet sich dem Frieden, wo der Freiheit
ein Zufluchtsort? Friedrich von Schiller

Ehe: gegenseitige Freiheitsberaubung im beiderseitigen
Einvernehmen. Oscar Wilde

Ein andrer halt' auf Geld und Gut;
ich liebe Kunst und freien Mut. Simon Dach

Ein edler Mensch ist seiner Freiheit so sicher wie der Vogel
seines Gesanges. Richard von Schaukal

Ein Fesselballon kann nicht fliegen, wenn ihn ein einziges
Seil ihn am Boden hält. Ein Mensch kann nicht frei sein,
wenn er sich an die Dinge des Tages bindet. Anonymus

Ein einfacher Zweig ist dem Vogel lieber als ein goldener
Käfig. aus China

Ein frei denkender Mensch bleibt nicht da stehen, wo der
Zufall ihn hinstößt. Heinrich von Kleist

Ein freies Leben führen wir, ein Leben voller Wonne. Der
Wald ist unser Nachtquartier, bei Sturm und Wind hantieren
wir, der Mond ist unsere Sonne. Friedrich von Schiller

Ein freier Mensch ist ein Mensch, der nach der Vernunft lebt.
Ernst Freiherr von Feuchtersleben

Ein freier Mensch ist einer, der sich wenigstens seiner Unfreiheit bewusst geworden ist.
Gabriel Laub

Ein freier Mensch ist nicht neidisch.
G.W. Friedrich Hegel

Ein gewisser Grad von Freiheit findet sich in jeder Staatsverfassung; der höchste Grad in keiner.
Friedrich von Gentz

Ein glückliches Leben besteht in erste Linie aus Freiheit von Sorgen.
Marcus Tullius Cicero

Ein jeder Mensch ist frei und ist wie ein eigener Gott, er kann sich in diesem Leben in Zorn oder ins Licht verwandeln; was einer für ein Kleid anzieht, das erklärt ihn.
Jakob Böhme

Ein Mensch, dem nicht an jedem Tag eine Stunde gehört, ist kein Mensch.
Mosche Löb von Sasow

Ein Mensch, der seine Freiheit zu verletzen gestattet, übt Verrat an seiner Natur und lehnt sich gegen die Gebote Gottes auf.
Giuseppe Mazzini

Ein Reicher ohne Freigiebigkeit ist ein Baum, der weder Früchte noch Schatten gibt.
Christian Friedrich Wilhelm Jakobs

Ein sonderbares Wesen, der Mensch. Die Freiheit, die er hat, gebraucht er nie, sondern wünscht sich immer eine, die er nicht hat: Er hat Denkfreiheit, und er verlangt Redefreiheit.
                                        Sören Kierkegaard

Ein Vogel, der im Käfig aufgewachsen ist, hat es in der Freiheit schwer.
                                        Anonymus

Ein Volk gibt niemals seine Freiheit auf, außer in irgendeiner Verblendung.
                                        Edmund Burke

Eine freie Nation kann einen Befreier haben, eine unterjochte bekommt nur einen andern Unterdrücker.
                                        Ernst Moritz Arndt

Eine Gunst empfangen bedeutet ein Stück Freiheit verkaufen.
                                        Publilius Syrus

Eine halbe Freiheit will unser Volk nicht.   Giannis Psycharis

Eine gute Partnerschaft ist der Ort, in dem wir beides finden: soviel Geborgenheit, wie wir suchen und so viel Freiheit, wie wir brauchen.
                                        Henriette Wilhelmine Hanke

Eine kluge Frau lässt ihrem Mann gerade so viel Freiheit, dass er nicht auf die Idee kommt, diese Freiheit zu missbrauchen.
                                        Ann Morrow Lindbergh

Eine Katze in Handschuhen fängt keine Mäuse.
                                        Benjamin Franklin

Eine schöne Sache ist die Freiheit. Gott, gib seiner Seele Ruhe, der sie erfunden hat.
Grigorios Palaiologos

Einem anderen gehöre nicht,
wer sein eigener Herr sein kann
Philippus Theophrastus Paracelsus

Einen innerlich freien und gewissenhaften Menschen kann man zwar vernichten, aber nicht zum Sklaven oder zum blinden Werkzeug machen.
Albert Einstein

Eines der größten Probleme der Erziehung ist, wie man die Unterwerfung unter den gesetzliche Zwang mit der Fähigkeit, sich seiner Freiheit zu bedienen, vereinigen könne. Denn Zwang ist nötig.
Immanuel Kant

Eines weiß ich, und das gibt mir Kraft und Zuversicht: Keine Nacht war noch so dunkel, der nicht obgesiegt das Licht. Keines Winters Eis so feste, daß der Lenz es nicht durchhieb. Keines Kerkers Wand so ewig, dass die Zeit sie nicht zerrieb.
Anastasius Grün

Einzig die Energie und der Wille können unsere Unabhängigkeit gewährleisten. Wer die Freiheit will, muss bereit sein, ihr bis zum letzten Atemzug alles zu opfern. Lasst eure Arbeit und eure Geschäfte im Stich, erhebt offen eure Stimme, begebt euch auf öffentliche Plätze, spornt die ganze Nation dazu an, die Waffen zu ergreifen, und gehorcht ihrem Führer, wer es auch sei.
Kemal Atatürk

Einzig die Freiheit erlöst die Menschen aus der Vereinzelung. Die Knechtschaft dagegen herrscht über eine Unzahl von Einsamkeiten.
Albert Camus

Elende Freiheit, wenn man von Gehorsam Gottes und seinen Geboten sich losreist und ein Sündenknecht wird.
Christian Scriver

Erbitte dir zuerst Gesundheit, dann Wohlergehen, drittens ein frohes Herz, und zuletzt, niemandes Schuldner zu sein.
Philemon

Erinnere dich, dass alles nur Meinung ist und dass es in deiner Macht steht zu meinen, was du willst. Mark Aurel

Erkenntnis macht frei, Bildung fesselt, Halbbildung stürzt in Sklaverei.
Wilhelm Raabe

Erlöst wird nur, wer sich selbst erlöst. John Henry Mackay

Erst mit dem Verfall der Vorstellung von der Sünde in neuester Zeit haben die Frauen begonnen, ihre Freiheit wiederzugewinnen.
Bertrand Russell

Erst sei frei, und dann erforsche die Freiheit.
Fernando Antonio Nogueira de Seabra Pessoa

Erziehung ist die Hilfe zum Selbstwerden in Freiheit.
Karl Jaspers

Es darf sich einer nur für frei erklären, so fühlt er sich den Augenblick als bedingt. Wagt er es, sich für bedingt zu erklären, so fühlt er sich frei. Johann Wolfgang v. Goethe

Es binden Sklavenfesseln nur die Hände. Der Sinn, der macht den Freien und den Knecht.
Franz Grillparzer

Es darf keine Freiheit geben zur Zerstörung der Freiheit.
Karl Jaspers

Es geht uns mit der Freiheit wie mit der Gesundheit: Erst wenn man sie nicht mehr hat, weiß man, was man an ihr hatte.
Werner Finck

Es gibt ein Reich der Freiheit, Ruhe und stolzen Gelassenheit, dessen Bürgerbrief wir zu besitzen glauben, und das uns keine Macht der Welt entreißen soll, in dem man den Sieg gerade dann am festesten hält, wenn die Widersacher am lautesten den Sieg über uns kreischen.
Wilhelm Raabe

Es gibt kaum ein Wort heutzutage, mit dem mehr Missbrauch getrieben wird als mit dem Wort „frei". Ich traue dem Worte nicht, weil keiner die Freiheit für alle will; jeder will sie für sich...
Otto Eduard Leopold von Bismarck

Es gibt eine höchste Lebensform, und diese höchste Lebensform heißt: „In Freiheit zu dienen".
Theodor Fontane

Es gibt kein Gefühl, das von unserem Wesen so unzertrennlich wäre, als das der Freiheit.
Friedrich II., der Große

Es gibt keine Befreiung der Menschheit ohne die soziale Unabhängigkeit und Gleichstellung der Geschlechter.
August Bebel

Es gibt keine Freiheit im Leben ohne Unterordnung und ohne Selbstlosigkeit, die man an sich erprobt haben muss.
Friedrich I.

Es gibt keine Freiheit ohne gegenseitiges Verständnis.
Albert Camus

Es gibt keinen Menschen, der nicht die Freiheit liebte; aber der Gerechte fordert sie für alle, der Ungerechte nur für sich allein.
Ludwig Börne

Es gibt nur eine Sache, die größer ist als die Liebe zur Freiheit: der Hass auf die Person, die sie dir wegnimmt.
Che Guevara

Es gibt nur wenige Pflanzen, die im Schatten gedeihen können, aber noch weniger Menschen, die unter drückenden Verhältnissen Tüchtiges zu schaffen imstande wären.
aus Deutschland

Es ist einfach, die Freiheit als selbstverständlich zu nehmen, wenn sie einem nie genommen wurde.
Anonymus

Es hat keine Nachtigall so vollauf im Käficht, sie sucht ihr Futter lieber draußen.
Sprichwort

Es hebt die Freiheit siegend ihre Fahne.
Friedrich von Schiller

Es ist besser einen Bären loslassen als einen Bären anbinden.
Sprichwort

Es ist besser, fei zu sein oder nennen wir's nach Freiheit streben, als elend um Brot betteln bei einem Despoten.
Johann Georg Forster

Es ist besser, kämpfend für die Freiheit zu sterben, als ein Gefangener, für den Rest deines Lebens zu sein.
Bob Marley

Es ist dem Dichter unbenommen, die Freiheit heißer zu lieben, als der Held, den er gestaltet. Aber wehe ihm, wenn von diesem Überfluss eigner Liebe auch nur ein Tropfen in seines Helden Worte überströmt.
Arthur Schnitzler

Es ist gut, sich aus den Verhältnissen herauszulösen, die einem die Luft nehmen.
Paula Moderson-Becker

Es ist gleich willkürlich, ob man den Leuten sagt: ihr sollt nicht frei, oder: ihr sollt und müsst gerade auf diese und keine andere Weise frei sein.
Joseph von Eichendorff

Es ist die Sache des freien Mannes, seiner selbst wegen und nicht in Hinsicht auf andere zu leben. Deshalb hielten die Griechen das Handwerk für unanständig.
Friedrich Wilhelm Nietzsche

Es ist Heuchelei oder Torheit, zu behaupten, das Volk müsse erst gebildet sein, um Freiheit ertragen zu können; die Freiheit muss der Bildung vorausgehen, sie ist Mutter und Lehrerin.
Carl Ludwig Börne

Es ist mir klargeworden, daß das, was wir unseren Willen nennen, die Drähte sind, die uns Marionetten bewegen und an denen Gott zieht.
André Gide

Es ist mit der Freiheit wie mit der Herrschaft. Wie die Machthaber immer nach größerer Macht streben müssen, um die zu schützen, die sie haben, so haben die Bürger nie Freiheit genug, wenn sie nicht zuviel Freiheit haben.
Carl Ludwig Börne

Es ist nicht jeder Mensch geboren frei zu sein, denn es gibt Personen, die vortrefflich sind, wenn sie dienen und gehorchen müssen und unbrauchbar, wie sie in freier Selbstbestimmung handeln sollen – Männer so wie Frauen.
Fanny Lewald

Es ist nichts, was ich gegen Menschen, die ich hochschätze und liebe, weniger verletzen möchte als ihre Freiheit.
Friedrich von Schiller

Es ist sehr hart, auf einer Matratze festgenagelt zu sein, wenn alle Welt auf den Beinen ist und alle Ding im Fluß sind.
Heinrich Heine

Es ist nur zu wahr, dass die Liebe zur Freiheit auch ihre Heuchelei und ihre Tartüffe hat. Man erkennt sie an ihrem Hass gegen Aufklärung und Philosophie, in ihrer Geschicklichkeit, den Vorurteilen und den Leidenschaften des Volkes zu schmeicheln.
Armand Gensonné

Es ist tatsächlich wahr, daß niemand einem andern die Freiheit rauben kann, ohne die eigene Freiheit zu verlieren.
Milovan Djilas

Es kann emanzipatorisch sein, befreiend wirken, es kann zum Nachdenken anregen.
Peter Sodann über das Lachen

Es kommt darauf an, alle Menschen mit dem Bewusstsein zu durchdringen, dass nicht in dem Erringen der Freiheit, sondern in dem Einwilligen in eine vernünftige Unfreiheit ihre Aufgabe besteht.
Nikolai Hartmann

Es kommt der Freiheit zu, den Boden herzugeben, auf dem sich das wahre Leben errichtet, aber nicht auch das Fundament.
Martin Buber

Es kommt mehr darauf an, wie du kommst, als wohin du kommst, und daher sollen wir unser Herz an keinen Ort hängen.
Lucius Annaeus Seneca

Es lebe die Freiheit; es lebe der Wein.
Johann Wolfgang von Goethe

Es liebt ein jeder, frei sich selbst
Zu leben nach dem eigenen Gesetz.   Johann Wolfgang von Goethe

Es sind nicht alle frei, die ihrer Ketten spotten.
Gotthold Ephraim Lessing

Es stößt die Freiheit an der Freiheit sich, und was geschieht, trägt der Beschränkung Zeichen.
Friedrich Daniel Ernst Schleiermacher

Es wächst heran ein neues Geschlecht.
Ganz ohne Schminke und Sünden,
mit freien Gedanken, mit freier Lust –
dem werde ich alles verkünden.
                                            Heinrich Heine

Es zum Grundsatz zu machen, dass denen, die ihnen (den derzeitigen Gewalthabern) einmal unterworfen sind, überhaupt die Freiheit nicht tauge, und man berechtigt sei, sie jederzeit zu entfernen, ist ein Eingriff in die Regalien der Gottheit selbst, die den Menschen zur Freiheit schuf. Bequemer ist freilich, im Staat, Hause und Kirche zu herrschen, wenn man einen solchen Grundsatz durchzusetzen vermag. Aber auch gerechter?
    Immanuel Kant

Eure Freiheit, vergesst es nicht, taugt gerade so viel, wie ihr taugt.
                                              Alexandre Vinet

Ewig wahr ist, dass keine Nation sich frei nennen kann, bei der die Freiheit nur ein Vorrecht, nicht aber ein Grundgesetz ist.
                                      Harriet Beecher-Stowe

Falls Freiheit überhaupt etwas bedeutet, dann bedeutet sie das Recht darauf, den Leuten das zu sagen, was sie nicht hören wollen.
                                                George Orwell

Fortschritt ist ambivalent. Er entwickelt zugleich das Potential der Freiheit und de Wirklichkeit der Unterdrückung.
                                                  Theodor W. Adorno

Frei ist der Anfang, und frei ist das Ende; was dazwischen liegt, ist notwendig
                                            Wilhelm Busch

Fragt die Seeleute, was sie bevorzugen; ob die Gefahr, in einem stürmischen Meer zu schiffen, oder die drückende Hitze, der man zwischen den Sonnenwenden ausgesetzt ist. Sicherlich ziehen sie die Stürme, den Wind, die große Woge von. Wogen, Bewegung, Lärm, Srurm, Kraft, das liegt in der Freiheit.
Emilio Castelar y Ripoli

Frei, aber nicht frech, das ist so mein Satz.
Theodor Fontane

Frei atmen macht das Leben nicht allein
Johann Wolfgang v. Goethe

Frei das Wort, frei der Gedanke.
Anastasius Grün

Frei fühlt sich vom Besitz nur der freigiebige Mann.
Friedrich Rückert

Frei ist derjenige, dem alles nach Willen geht und den niemand hindern kann.
Epiktet

Frei ist ein kräftiges Volk, das weise sich selber regiert; frei der gebildete Mensch, welcher sich selber beherrscht.
Siegfried August Mahlmann

Frei ist man erst, wenn man sich vom Streben nach der Freiheit frei macht.
Alexander Saheb

Frei im liebevollen Muss.
Friedrich Wilhelm Nietzsche

Frei in der Fremde ist besser als Knecht daheim. — Sprichwort

Frei ist man immer nur für Augenblicke. — Anonymus

Frei ist nicht, wer tun kann, was er will, sondern wer werden kann, was er soll. Frei ist, wer seinem anerschaffenen Lebensprinzip zu folgen imstande ist. — Paul Anton de Lagarde

Frei ist nur der Mensch, der innerlich frei ist und nur das tut, was die Vernunft wählt. — Epikur von Samos

„Frei" ist ... nur ein Synonym für „einsichtig". — Claude Adrien Helvetius

Frei ist, wer, obwohl gezwungen, tut, was er nötig hat, wie ein Diener dienen muss, um leben zu können. Sklave ist, wer sich zwingen lässt, zu tun, was er nicht nötig hätte. — Antoine Comte de Rivaról

Frei muss ich denken, sprechen und atmen Gottes Luft, und wer die drei mir raubet, der legt mich in die Gruft. — Adalbert von Chamisso

Frei ist, wer in Ketten tanzen kann. — Friedrich Nietzsche

Frei nennst du dich? Deinen herrschenden Gedanken will ich hören und nicht, dass du einem Joche entronnen bist. — Friedrich Wilhelm Nietzsche

Frei sein bedeutet, dass man sich die Verpflichtung schafft, in jeder Minute zu fühlen, dass man sein eigenes Leben bildet und dafür verantwortlich ist. Madeleine Semer

Frei sein bedeutet, sich selbst seinen Richter zu wählen.
Anonymus

Frei sein heißt, sich selbst besitzen. Jean Baptiste Henri Lacordaire

Frei sein, heißt wählen können, wessen Sklave man sein will. Jeanne Moreau

Frei sein kann gar nichts anderes heißen, als seiner innersten Natur sklavisch folgen zu dürfen. Absolute Freiheit ist etwas Unmenschliches. Rahel Antonie Friederike Varnhagen v. Ense

Frei sein setzt die Fähigkeit voraus, allein sein zu können.
Erich Limpach

Frei sind nur die, welche tapfer sind und milde zugleich – tapfer, um sich nicht in Fesseln schlagen zu lassen und es aufzunehmen mit dem Leben; milde, um andere zu verstehen und über dem Trennenden nicht das menschlich Einigende zu vergessen. Theobald Ziegler

Frei sein und durch sich selbst bestimmt sein, von innen heraus bestimmt sein, ist eins. Friedrich von Schiller

Frei will ich leben, frei will ich sterben, niemand berauben und niemand beerben. Friedrich von Schiller

Frei will ich sein im Denken und im Dichten;
Im Handeln schränkt die Welt genug uns ein.
Johann Wolfgang von Goethe

Frei will ich sein. Meinen Jungen im Arm, in der Faust den Pflug, ein fröhliches Herz, und das ist genug. Detlef Liliencron

Frei wozu? Friedrich Wilhelm Nietzsche

Frei zu sein – dazu sind wir nicht geschaffen. Vergil

Freie Bahn für alle Tüchtigen, das sei unsere Losung.
Reichskanzler v. Bethmann-Hollwegen

Freie Kirche in freiem Staate. Graf Benso di *Cavour*

Freie Leute stecken in keiner Bubenhaut. Sprichwort

Freigiebig ist nicht, wer nur gibt, wo ihm kein Mangel droht.
Freigiebig ist, wer Hunger hat und teilt mit dir sein Brot.
Friedrich Rückert

Freie Leute und treue Freunde strafen ins Angesicht.
Sprichwort

Freies Bett ist was wert. Marcus Tullius Cicero

Freiheit auch in den Regungen des äußerlichen Lebens ist der Boden, in welchem die höhere Bildung keimt.
Johann Gottlieb Fichte

Freiheit außerhalb der Gesellschaft schließt nicht die Idee der Sicherheit in sich, und diese lässt sich nicht begreifen ohne Freiheit und ohne Gesellschaft. Antoine Comte de Rivaról

Freedom's just another word for nothin' left to lose.
Freiheit bedeutet lediglich, dass du nichts mehr zu verlieren hast.
Kris Kristofferson

Freiheit bedeutet Verantwortlichkeit; das ist der Grund, weshalb die meisten Menschen sich vor ihr fürchten.
George Bernard Shaw

Freiheit bedeutet, von nichts anderem abhängig zu sein als von den Gesetzen.
Voltaire

Freiheit besteht im Fehlen von Zwang, Böses zu tun.
Leo Nikolajewitsch Graf Tolstoi

Freiheit der individuellen Überzeugungen und ein Leben diesen gemäß – ist das erste der rechte und die erste de Pflichten der Menschen.
Malwida von Meysenbug

Freiheit der Rede, Freiheit des Bekenntnisses, Schutz des einzelnen Bürgers vor der Willkür verbrecherischer Gewaltstaaten, das sind die Grundlagen des neuen Europa.
Hans Scholl

Freiheit besteht vor allem darin, das zu tun, was man nach seinem Gewissen tun soll.
Albert Schweitzer

Freiheit darf nie losgelöst sein von strengster Gewissenhaftigkeit
William Rounsville Alger

Freiheit: der Zwang, sich zu entscheiden. José Ortega y Gasset

Freiheit: die Eigenschaft der Wesen, bei denen das Bewusstsein einer Regel der Grund der Handlungen ist.
Immanuel Kant

Freiheit, die einem verderbten Volk gegeben wird, ist wie eine Jungfrau, die den Sittenlosen überlassen wurde.
Honoré de Balzac

Freiheit :
Die Freiheit hab ich erst verstanden,
als sie mich floh mit scheuem Kuss.
Doch nicht deshalb, weil ich in Banden,
nein, weil ich andre binden muss.

Das wird ein Auferstehn der Seele,
ein Fest, von Morgenglanz umspielt,
sobald ich keinem mehr befehle
und keiner lebt, der mir befiehlt.
Emil Claar

Freiheit, die ich meine, die mein Herz erfüllt ...
Max von Schenkendorf

Freiheit, die sich nicht ausbreiten will, verliert auch noch das eigene Terrain.
Hans Kasper

Freiheit drückt den Hut frisch in die Augen und wandelt aufrecht.
Sprichwort

Freiheit, du bist das Brot, jedem Stand, jedem Alter, jedem Bedürfnis. Brot ist des Körpers Nahrung und Freiheit Seelenspeise.
August von Kotzebue

Freiheit: ein politischer Zustand, dessen sich jede Nation allein zu erfreuen glaubt.
Ambrose Gwinnett Bierce

Freiheit! Eins schönes Wort, wer's recht verstünde.
Johann Wolfgang von Goethe

Freiheit: eine schöne Sache, aber nicht dann, wenn sie mit Einsamkeit erkauft wird.
Bertrand Russell

Freiheit: eines der kostbarsten Güter der Einbildungskraft.
Ambrose Gwinnett Bierce

Freiheit, Gleichheit, Brüderlichkeit bedeuten nicht Nivellisierung, sondern Individualisierung und daher auch Qualifizierung.
Thomas Garrigue Masaryk

Freiheit existiert nur im Singular. In der Mehrzahl handelt es sich lediglich um Spielräume.
Johann Nestroy

Sicherheit erreicht man nicht, indem man Mauern errichtet. Sicherheit gewinnt man, indem man Tore öffnet.
Unbekannt

Freiheit geht über Silber und Gold. — Deutsches Sprichwort

Freiheit existiert nicht; sie ist nur ein Wunsch der Seele.
— Émile Henriot

Freiheit gibt Urlaub zur Bosheit. — Sprichwort

Freiheit gibt Witz, und Witz gibt Freiheit. — Jean Paul

Freiheit, Gleichheit, Brüderlichkeit — Losung d. Französischen Republik

Freiheit haben ist nur das, was wir notwendig brauchen, um so sein zu können, wie wir eigentlich sein sollten.
— Rahel Antonie Friederike Varnhagen von Ense

Freiheit – hat sie erst einmal Wurzeln geschlagen – ist eine Pflanze, die sehr schnell wächst. — George Washington

Freiheit hebt die Notwendigkeit nicht auf, sondern setzt sie voraus. — Baruch Spinoza

Freiheit hat ihren Ursprung nie in der Regierung gehabt. Sie hat immer von ihren Untertanen gestammt. Die Geschichte der Freiheit ist eine Geschichte des Widerstandes. Die Geschichte der Freiheit ist eine Geschichte der Begrenzung der Regierungsgewalt, nicht ihrer Vergrößerung.
— Thomas Woodrow Wilson

Freiheit heißt nichts anderes als das Freisein von vernunftswidrigem Zwange.
Heinrich von Treitschke

Freiheit, ich möchte sie auch! Ja! Aber! ... O spare die Worte. An dem Aber krepiert jede Gesundheit und Kraft.
Adolph Glaßbrenner

Freiheit ist also nicht die Erlaubnis zu jeder möglichen Tat, das wäre nur Freiheit für einen und Sklaverei für den anderen, und würden wir alle insgesamt diese Freiheit ausüben wollen, so wäre ein Krieg aller gegen alle die Folge, also gerade die Vernichtung der Freiheit. Die Freiheit ist also eigentlich der leere Raum, den die Menschen mit sittlichen Taten erfüllen sollen.
Adalbert Stifter

Freiheit ist das Recht, alles zu tun, was die Gesetze gestatten.
Charles de Secondat, Baron de la Brède et de Montesquieu

Freiheit ist das Recht, anderen zu sagen, was sie nicht hören wollen.
George Orwell

Freiheit ist der Zweck des Zwanges,
wie man eine Rebe bindet,
dass sie, statt im Staub zu kriechen,
froh sich in die Lüfte windet.
Friedrich Wilhelm Weber

Freiheit ist das Recht eines jeden Menschen, irgendwo aufzustehen und all das zu sagen, was jedermann denkt.
Joseph Lincoln Steffens

Freiheit ist der freie Fuchs unter freien Hühnern.   Anonymus

Freiheit ist das Ziel und das Wesen der Demokratie.
Thomas Garrigue Masaryk

Freiheit ist der Zwang, sich zu entscheiden.
Baltasar Graciàn y Morales

Freiheit ist die Freiheit zu sagen, dass zwei plus zwei vier ist. Wenn das gewährt ist, folgt alles weitere. George Orwell

Freiheit ist die Gelegenheit zu steter Initiative. Graham Wallas

Freiheit ist die große Losung,
deren Klang durchjauchzt die Welt. Anastasius Grün

Freiheit ist die Macht über uns selber. Hugo Grotius

Freiheit ist die Möglichkeit, eigene Ziele zu verwirklichen.
Anonymus

Freiheit ist die Möglichkeit, immer noch mehr Kraft aufzubringen, sich immer noch mehr anstrengen zu können.
Peter Lippert

Freiheit ist die Souveränität des Individuums. Josiah Warren

Freiheit ist die Wahl zwischen Arbeiten und Verhungern.
Samuel Johnson

Freiheit ist doch ein Wecker am Herzen, und ohne sie
schläft der menschliche Wille ein. Matthias Claudius

Freiheit ist ein bloßes Gerede da, wo der Mensch entartet
ist, wo sein verstand nicht mit Wissen gespeist und seine
Urteilskraft vernachlässigt wurde, vor allem aber da, wo der
Mensch sich seiner Rechte und Pflichten als eines sittlichen
Wesens nicht bewusst ist. Johann Heinrich Pestalozzi

Freiheit ist ein Gut, das durch Gebrauch wächst, durch
Nichtgebrauch dahinschwindet. Carl Friedrich von Weizsäcker

Freiheit ist ein Gut, dessen Dasein weniger Vergnügen
bringt als seine Abwesenheit Schmerzen. Jean Paul

Freiheit ist ein herrlicher Schmuck, der schönste von allen,
und doch steht er, wir sehn's, wahrlich nicht jedem an.
Johann Wolfgang v. Goethe

Freiheit ist ein Luxus, den sich nicht jedermann leisten kann.
Karl Marx

Freiheit ist ein so wertvolles Gut, das sich jede Generation
von neuem erarbeiten muss. aus USA

Freiheit ist ein hohles Wort von besonders weitem Kaliber.
Es hat Raum in sich für sehr viele, einander durchaus
feindliche Begriffe. Unbekannt

Freiheit ist ein Kaugummibegriff geworden - an jedem Schlagbaum versteht man etwas anderes darunter.
Oskar Kokoschka

Freiheit ist ein stürmisches Meer. Ängstliche Naturen bevorzugen die Stille des Despotismus.   Thomas Jefferson

Freiheit ist ein Zwang, den wir als Zwang nicht erkennen.
Karl Heinrich Waggerl

Freiheit ist eine kräftigere Herzstärkung als Tokayer.
Arthur Schopenhauer

Freiheit ist eine Summe mikroskopischer Unfreiheiten.
Peter Hille

Freiheit ist, einen gewissen Abstand zu den anderen haben zu können.   Friedrich Wilhelm Nietzsche

Freiheit ist Einsicht in die Notwendigkeit.   Friedrich Engels

Freiheit ist für die Gesellschaft was Gesundheit für den Einzelnen ist.
Henry St. John

Freiheit ist Handeln aus dem Tiefsten.   Hermann von Schell
Freiheit ist für drei Viertel der Menschen das Recht, Hungers zu sterben.   Henri Linguet

Freiheit ist Hingabe – Hingabe an eine selbstgewählte Idee.
Carl Ludwig Schleich

Freiheit ist immer mehr, als man darf. — Anonymus

Freiheit ist immer nur Freiheit des Andersdenkenden. — Rosa Luxemburg

Freiheit ist kein Mittel zu einem höheren politischen Ziel. Sie ist das höchste politische Ziel. — John Emeric Edward

Freiheit ist kostbarer als jedes Geschenk, das dich dazu verleiten mag, sie aufzugeben. — Baltasar Gracián y Morales

Freiheit ist Liebe, Freiheit ist Recht,
zum Menschen weiht und adelt sie den Knecht.
Bewaffnet steht sie an des Thrones Stufen,
und Achtung dem Gesetz hört man sie rufen,
Achtung uns selbst und unserer Menschenpflicht.
Wer sie verletzt, verdient die Freiheit nicht. — Friedrich Halm

Freiheit ist lieber als Aug und Leben. — Sprichwort

Freiheit ist nicht Genuss, sondern Arbeit, unausgesetzte Arbeit an den großen Kulturaufgaben des modernen Staates. — Anastasius Grün

Freiheit ist nicht Müßiggang, die besteht im freien Gebrauch der Zeit, in der freien Wahl von Arbeit und Tätigkeit, mit einem Wort: Frei sein bedeutet nicht Nichtstun, sondern Herr sein über sein Tun und Lassen. — Jean de La Bruyère

Freiheit ist nicht das Anfüllen eines Eimers, sondern seine gezielte Entleerung.
William Butler Yeats

Freiheit ist nicht nur etwas Ersehntes, wenn man sie nicht besitzt, man nimmt sie leider auch zu leicht als selbstverständlich hin, wenn sie eine normale Lebensbedingung bildet.
Sir Peter Ustinow

Freiheit ist nichts als die Möglichkeit, unter allen Bedingungen das Vernünftige zu tun.
Johann Wolfgang von Goethe

Freiheit ist nichts anderes als Beseitigung der Unwissenheit, und die schwindet nur, wenn wir das Innere kennen.
Swami Vivekananda

Freiheit ist nichts anderes als die Abwesenheit des Zwangs.
Jeremy Bentham

Freiheit ist nur in dem Reicht der Träume, und das Schöne blüht nur im Gesang.
Friedrich von Schiller

Freiheit ist nur möglich, wenn man bereit ist, ein Risiko einzugehen, und ohne dieses Risiko der Freiheit gibt es keine lebendige Demokratie.
Carlo Schmid

Freiheit ist, o Weib, wo du nicht bist.
Karl Marx

Freiheit ist politische Macht, geteilt in kleine Stücke.
Thomas Hobbes

Freiheit ist unbewusste Bindung.   Thomas Niederreuther

Freiheit ist unteilbar. Ist nur einer unfrei, so sind alle versklavt.   John F. Kennedy

Freiheit ist von Gott, Freiheiten vom Teufel.   Sprichwort

Freiheit ist, wie Glück, dem schädlich, jenem nützlich.   Novalis

Freiheit kann man einem zwar lassen, aber nicht geben.   Johann Christoph Friedrich von Schiller

Freiheit kann nur fordern, wer sich zur Toleranz bekennt.   Alphonse de Lamartine

> Freiheit liebt das Tier der Wüste,
> frei im Äther herrscht der Gott,
> ihrer Brust gewalt'ge Lüste
> zähmet das Naturgebot;
>
> doch der Mensch in ihrer Mitte
> soll sich an den Menschen reihn,
> und allein durch seine Sitte
> kann er frei und mächtig sein.
>
>   Friedrich von Schiller

Freiheit liegt jenseits der mauern, die wir selbst errichten.   Anonymus

Freiheit macht selbst aus Raupen Schmetterlinge!   Henrik Ibsen

Freiheit: Negation der Wirklichkeit.   Wilhelm Busch

Freiheit ohne Gerechtigkeit ist reiner Raub.   Adamantios Korais

Freiheit ohne Gerechtigkeit ist Willkür.   Jean Anouilh

Freiheit! ruft die Vernunft, Freiheit! die wilde Begierde.
    Friedrich von Schiller

Freiheit und Arbeit, das sind die schönsten Vorzüge des Menschen. In ihnen ist alles.   Berthold Auerbach

Freiheit und eigener Herd sind großen Geldes wert.   Sprichwort

Freiheit und Frömmigkeit sind zwei Schwestern, die Wunder tun vereint.   Jeremias Gotthelf

Freiheit und Gleichheit hört man schallen.   Friedrich von Schiller

Freiheit und Gleichheit lehrt der Humor und das Christentum - beide vergebens.   Carl Ludwig Börne

Freiheit und Gott sind mein Gebet.   Voltaire

Freiheit und höchste Liebe müssen vereinigt sein, dann kann keine zur Fessel werden.   Swami Vivekananda

Freiheit und Licht sind die Voraussetzungen jedes wirklichen Willens.
Ludwig Adolf Wiese

Freiheit und Knechtschaft sind wohl zwei, doch oft im Grunde einerlei.
Matthias Claudius

Freiheit und Lüge schließen sich aus. Nur eine freie Welt kann zum Frieden kommen. Sie gibt es auf, Lüge vergeblich durch Lüge zu bekämpfen. Jede Unwahrheit ist ein Schritt auf dem Weg zum Totalitären.
Karl Jaspers

Freiheit vom Staat ist noch nicht Freiheit im Staat.
Anonymus

Freiheit von allen Illusionen ist das Glück der Hoffnungslosen.
Ludwig Marcuse

Freiheit, wie gering, ist doch ein gut Ding.
Sprichwort

Freiheit wird nie geschenkt, immer nur gewonnen.
Heinrich Böll

Freiheitsliebe ist Nächstenliebe, Machtliebe ist Eigenliebe.
William Hazlitt

Freiheit wird nicht mit dem Streben nach Freiheit, sondern mit dem Streben nach Wahrheit erlangt. Freiheit ist kein Ziel, sondern eine Folge. Wenn du dich unfrei fühlst, so suche die Ursache in dir.
Leo Nikolajewitsch Tolstoi

Frieden ist ungestörte Freiheit.   Marcus Tullius Cicero

Frisch, fromm, fröhlich, frei.   Friedrich Ludwig Jahn

Fügt es sich nicht, dass ihr fesselnd gefesselt seid, so deutet euch den Sinn eures ungefreiten Freiseins groß und tief, um es mit Ruhe, mit innerem Stolz zu tragen.
    Cosima Wagner

Für die Freiheit als kämpfe ich, ... für das Vorwärtsleben, für das Entweder – Oder. Es ist das Entweder – Oder, das die Menschen über die Engel erhebt.   Sören Kierkegaard

Für freie Menschen ist die Freiheit die erste Sorge.
    Anonymus

Für freie Menschen sind Drohungen wirkungslos.
    Marcus Tullius Cicero

Furcht tut nichts Gutes. Darum muss man frei und mutig in allen Dingen sein und fest stehen.   Martin Luther

Ganz er selbst darf jeder nur sein, solange er alleine ist. Wer also nicht die Einsamkeit liebt, der liebt auch nicht die Freiheit.   Arthur Schopenhauer

Gedanken wollen oft - wie Kinder und Hunde -, dass man mit ihnen im Freien spazieren geht.   Christian Morgenstern

Gedanken sind frei. — Marcus Tullius Cicero

Gedanken sind zollfrei, aber man hat doch Scherereien. — Karl Kraus

Gefahr der Sprache für die geistige Freiheit. - Jedes Wort ist ein Vorurteil. — Friedrich Nietzsche

Geh in die Nacht hinaus und schau in die Sterne, und du bist frei. — Friedrich von Gagern

Geistige Freiheit ist ohne Größe nicht erreichbar. — August Pauly

Geld: dasjenige, das man besitzt, ist das Mittel zur Freiheit; dasjenige, dem man nachjagt, ist das Mittel zur Knechtschaft. — Jean Jacques Rousseau

Geld ist geprägte Freiheit. — Fjodor Michaillowitsch Dostojewski

Gerade der Freie sucht den Schein der Freiheit am wenigsten. — Jean Paul

Gib mir mein Herz zurück, dann gebe ich dir die Freiheit. — Anonymus

Gleichheit ist immer der Probestein der Gerechtigkeit, und beide machen das Wesen der Freiheit. — Johann Gottfried Seume

Gerettet ist das edle Glied
der Geisterwelt vom Bösen.
Wer immer strebend sich bemüht,
den können wir erlösen. Johann Wolfgang von Goethe

Gott, der du der Gründer bist des Alls, das eine gib vor allem, dass ich recht zu dir bete; alsdann lass in meinem Tun mich würdig werden, dass du mich erhörest; und endlich lass mich in dir die Freiheit finden. Augustinus Aurelius

Gott, der uns Leben gab, gab uns gleichzeitig Freiheit.
 Thomas Jefferson

Gott dienen ist Freiheit Lucius Annaeus Seneca

Gott, Freiheit und Unsterblichkeit werden meistens als Hauptzwecke der Metaphysik angegeben. Das erstere würde aber die zwei letzteren unmöglich machen.
 Arthur Schopenhauer

Gott gab dem Menschen den freien Willen auch auf die Gefahr hin, dass er sich verirrt, denn nur aus der Freiheit wird die Tugend geboren. Jean Baptiste Henri Lacordaire

Haltet darum fest am Hasse. Kämpfe redlich, deutsches Blut! Für die Freiheit eine Gasse! Dacht' ein Held in Todesmut. Max von Schenkendorf

Höchste Knechtschaft und höchste Freiheit, beides sind höchste Übel. Martin Luther

Heiterkeit ist immer das Zeichen der Freiheit.
Friedrich Georg Jünger

Herrenlos ist auch der Freieste nicht.
Ein Oberhaupt muss sein, ein höchster Richter,
wo man das Recht mag schöpfen in dem Streit.
Friedrich v. Schiller

Ich bin bekannt für meine Ironie. Aber auf den Gedanken, im Hafen von New York eine Freiheitsstatue zu errichten, wäre selbst ich nicht gekommen.
George Bernard Shaw

Ich bin ein freier Mann und singe mich wohl in keine Fürstengruft. Und alles, was ich mir erringe, ist Gotttes liebe Himmelsluft.
Georg Herwegh

Ich bin immer ein leidenschaftlicher Anhänger der Freiheit gewesen, der legitimen Volksbewegung und aller Reformen, die auf die Menschen veredelnd und erhaben wirken, sowie jener Lehren der Gleichheit und Brüderlichkeit, die doch nur den Triumph des Evangeliums in den zeitlichen Angelegenheiten bedeuten.
Antoine-Frédéric Ozanam

Ich glaube, dass Gerechtigkeit und Freiheit im Grunde dialektische Begriffe sind, d.h.: je mehr Gerechtigkeit, desto weniger Freiheit; und je mehr Freiheit, desto weniger Gerechtigkeit.
Max Horkheimer

Ich bin lieber für mich. Das Wort "husband", Ehemann, bedeutet "housebound", ans Haus gebunden. Wer will das schon?
Jack Nicholson

Ich gehe zuweilen in acht Tagen nicht aus dem Hause und lebe sehr vergnügt; eine ebenso langer Hausarrest auf Befehl würde mich in eine Krankheit werfen. Wo Freiheit zu denken ist, da bewegt man sich mit einer Leichtigkeit in seinem Zirkel; wo Gedankenzwang ist, da kommen auch die erlaubten mit einer scheuen Miene hervor.
Georg Christoph Lichtenberg

Ich glaube und bekenne, dass ein Volk nichts höher zu achten hat als die Würde und Freiheit des Daseins.
Carl Philipp Gottfried von Clausewitz

Ich habe die Tage der Freiheit gekannt,
ich habe sie die Tage des Leidens genannt.
Johann Wolfgang v. Goethe

Ich habe immer mehr den Eindruck, dass man Freiheit mit Frechheit verwechselt.
Gino Cervi

Ich kann meine Freiheit nicht zum Ziel nehmen, wenn ich nicht zugleich die Freiheit der anderen zum Ziel nehme.
Jean Paul Sartre

Ich liebe die Freiheit, aber ich glaube nicht an sie. Martin Buber

Ich liebe die Freiheit ... Ich werde nie einer Partei dienen können.
Erasmus von Rotterdam

Ich meine, dass Freiheit manchmal eine Geisteshaltung ist.
Aung San Suu Kvi

Ich muss Politik und Krieg studieren, damit meine Söhne die Freiheit haben, Mathematik und Philosophie zu studieren. Meine Söhne sollten Mathematik und Philosophie studieren, außerdem Geographie, Naturgeschichte, Schiffbau, Navigation, Handel und Landwirtschaft, damit sie ihren Kindern das Recht geben, Malerei, Poesie, Musik, Architektur, Dekoration und Porzellan zu studieren.
John Adams

Ich predige nicht die Duldsamkeit. Unbeschränkte Religionsfreiheit ist in meinen Augen ein so geheiligtes Recht, dass das Wort Duldsamkeit, als Ausdruck hierfür gebraucht, mir gewissermaßen selbst tyrannisch erscheint.
Honoré Gabriel de Mirabeau

Ich sitze in freier Natur, am See. Die Weißen möchten, dass ich wie sie arbeite, wie sie Geld verdiene, wie sie ein Auto kaufe und wie sie in freier Natur, an einem See Urlaub mache und angle. Ich sitze aber schon in freier Natur am See ...
von einem Indianer

Ich war immer der Meinung, dass uneingeschränkte Redefreiheit auch größte Sicherheit bedeutet: Narren muss man zum Reden auffordern, damit man sie erkennt.
Woodrow Wilson

Ich will mein volles Freiheitsrecht!
Finde ich die geringste Beschränknis,
verwandelt sich mir das Paradies
in Hölle und Gefängnis.
Heinrich Heine

Ich will! Die schönste Kron ist dieses, die mich schmückt.
Der Freiheit Siegel, das mein Geist sich aufgedrückt.
Friedrich Rückert

Ich will unter keinen Umständen ein Allerweltsmensch sein. Ich habe ein Recht darauf, aus dem Rahmen zu fallen - wenn ich es kann. Ich wünsche mir Chancen, nicht Sicherheiten. Ich will kein ausgehaltener Bürger sein, gedemütigt und abgestumpft, weil der Staat für mich sorgt. Ich will dem Risiko begegnen, mich nach etwas sehnen und es verwirklichen, Schiffbruch erleiden und Erfolg haben. Ich lehne es ab, mir den eigenen Antrieb mit einem Trinkgeld abkaufen zu lassen. Lieber will ich den Schwierigkeiten des Lebens entgegentreten, als ein gesichertes Dasein führen; lieber die gespannte Erregung des eigenen Erfolges als die dumpfe Ruhe Utopiens. Ich will weder meine Freiheit gegen Wohltaten hergeben noch meine Menschenwürde gegen milde Gaben. Ich habe gelernt, selbst für mich zu denken und zu handeln, der Welt gerade ins Gesicht zu sehen und zu bekennen: Dies ist mein Werk. Das alles ist gemeint, wenn ich sage: Ich bin ein freier Mensch.
Albert Schweitzer

Ihr erblichen Leibeignen! Wisst ich es nicht?
Wer frei sein will, der schlage selbst die Schlacht!
Lord George Gordon Noel Byron

Ihr könnt Taten verfolgen, nicht aber Überzeugungen, das Denken muss frei sein.
George Sand

Ihr seid frei, und diese Freiheit, welche euch zu ganz besonderen, im Weltall bevorzugten Wesen macht, ist die Berechtigung eurer Würde, der Grundstein eurer Rechte und Pflichten, die Richtschnur und der Zweck eures Daseins.
Victor Cousin

Ich verwerfe allen Zwang bei der Erziehung einer zarten Seele, die man für Ehre und Freiheit erziehen will.
Michel Montaigne

Ihr seid zur Freiheit berufen, Brüder. Nur nehmt die Freiheit nicht zum Vorwand für das Fleisch, sondern dient einander in Liebe!
Galater 5,13, Die Bibel

Im Mittelalter herrschte die Solidarität der Interessen in den Formen der Unfreiheit, in der Gegenwart herrscht die Freiheit ohne alle Solidarität, die Zukunft wird die Solidarität in den Formen der Freiheit bringen.
Ferdinand Lasalle

Im Zweifel für die Freiheit!
Willy Brandt

In all deinem Tun und Lassen frei
Bitt Gott, dass er dein Helfer sei.
Inschrift

In den Demokratien kann zwar das Volk tun, was es will; allein die politische Freiheit besteht nicht darin, tun zu können, was man will. In einem Staate, dass heißt, in einer Gesellschaft, wo es Gesetze gibt, kann die Freiheit nur darin bestehen, tun zu können, was man wollen darf, und nicht gezwungen zu werden, das zu tun, was man nicht wollen darf.
Charles de Secondat, Baron de la Bréde et de Montesquieu

In der Freiheit liegt die Angst der Ohnmacht.
Johann Wolfgang von Goethe

In der heutigen Zeit Zügellosigkeit für Freiheit.
Fjodor Michailowitsch Dostojewski

In der wahren Freiheit befindet sich das wirksamste Gegenmittel gegen die Anarchie.
Madame de Stael

In dir ein edler Sklave ist, dem du die Freiheit schuldig bist.
Matthias Claudius

In dreierlei Hinsicht gehört die Historie dem Lebendigen, sie gehört ihm als dem Thätigen und Strebenden, ihm als dem Bewahrenden und Verehrenden, ihm als dem Leidenden und der Befreiung Bedürftigen. Dieser Dreiheit von Beziehungen entspricht eine Dreiheit von Arten der Historie: sofern es erlaubt ist eine monumentalische, eine antiquarische und eine kritische Art der Historie zu unterscheiden.
Friedrich Nietzsche

In einem Hühnerstall, aus dem man ihn zum Schlachten herausholen wird, kräht der Hahn Hymnen auf die Freiheit, weil man ihm darin zwei Sitzstangen eingebaut hat.
Fernando Antonio Nogueira de Seabra Pessoa

In einem wohlorganisierten Staat muss jedes Glied abhängig vom Ganzen sein. Darum sollten darin keine Bettler und keine Philosophen geduldet werden. Denn beide sind frei: die ersten, weil sie nichts zu verlieren, die anderen, weil sie nichts zu gewinnen haben.
Carl Ludwig Börne

In Freiheit leben heißt erst leben.
Weit besser für das Heil der Welt
Ist frommer Irrtum, der erhält,
als kalte Weisheit, die zerstöret.
Was alle trifft, erträgt man leicht.

Mitleidig ist die ganze Welt,
sobald nicht Eigennutz das Urteil fällt.
Weit besser für das Heil der Welt
Ist frommer Irrtum, der erhält,
als kalte Weisheit, die zerstöret.
Karl Wilhelm Ramler

In Europa nährt sich die Begierde von der Unterdrückung,
in Amerika verkümmert sie unter der Freiheit. Henri Stendhal

In jeder Sekunde unseres Lebens sind wir frei, alles über
den Haufen zu werfen und neu zu beginnen. Reinhard Sprenger

Ist die Freiheit ein Gut für den Menschen, wenn sie so groß,
so schrankenlos werden kann, dass er schließlich nur noch
wünscht, weniger Freiheit zu haben. Friedrich Freiherr von Logau

Ist man recht, so wird man ruhig. Ist man ruhig, so wird man
rein und klar.Ist man rein und klar, so wird man frei. Ist man
frei, so braucht man nichts zu tun, und dennoch bleibt nichts
ungetan. Lü Bu We

Ist vielleicht nur die Welt ein großer Kerker? Und frei ist
wohl der Tolle, der sich Ketten zu Kränzen erkiest.
Johann Wolfgang v. Goethe

Jäten ist die Zensur der Natur Oskar Kokoschka

Je enger der Käfig, je schöner die Freiheit. Sprichwort

Je freier die Wirtschaft, umso sozialer ist sie auch.
Ludwig Erhard

Je freier man sich fühlt, um so mehr Freiheit will man haben.
Sully Prudhomme

Je mehr du deinem Mann Freiheit lässt, je mehr du darin deine Gefühle und dein Vertrauen offenbarst, desto liebenswerter wirst du ihm erscheinen und desto anhänglicher wird er dir sein.
Maria Theresia von Österreich

Je mehr Freiheit es gibt, desto mehr wird die Gerechtigkeit dadurch gefährdet, dass die Stärkeren, Gescheiteren, Geschickteren die anderen schädigen.
Max Horkheimer

Je mehr Freiheit, je mehr Mutwille.
Sprichwort

Je mehr Pflichten wir uns selbst auferlegen, desto freier sind wir.
Anonymus

Je schwerer sich ein Erdensohn befreit,
Je mächt'ger rührt er unsre Menschlichkeit.
Conrad Ferdinand Meyer

Je weiter wir die Grenzen der Freiheit nach Osten verschieben, desto sicherer wird die Mitte.
Otto von Habsburg

Je weniger Bedürfnisse ihr habt, desto freier seid ihr.
Immanuel Kant

Je weniger ich benötige, um frei zu sein, umso freier bin ich.
Werner Mitsch

Jede Befreiungsbewegung verändert ihren Charakter, wenn sie von der Utopie zur Realität übergeht.
Karl Marx

Jede Erfindung, welche dem Menschen die Mühe einer mechanischen Arbeit abnimmt, erweitert für ihn die Möglichkeit, seines geistigen Schaffens und Wirkens und gestattet ihm damit eine Ausnutzung seines Lebens, welche einer Verlängerung desselben gleichkommt.
Fanny Lewald

Jede Freiheit will errungen sein.
Anonymus

Jeder Beherrschung entspricht eine Freiheit.
Julius Wolf

Jeder einzelne kann mitwirken, dass die Welt zur Freiheit gelangt.
Wladimir Sergejewitsch Solowjow

Jeder hat das Recht, alles zu tun, wodurch er keinen verletzt.
Arthur Schopenhauer

Jeder Mensch soll gesittet, aber auch jeder frei sein.
Charles de Secondat, Baron de la Brède et de Montesquieu

Jeder will Freiheit haben, und niemand will sie geben.
Oliver Cromwell

Jedes System ist ein System der Freiheit und der Notwendigkeit zugleich.
Georg Friedrich Wilhelm Hegel

Jeder Mensch ist frei geboren und hat die gleichen Rechte in der Gesellschaft. Deshalb soll jeder die Chance haben, seine Talente zu entwickeln, sein Leben zu gestalten und Verantwortung für sich und andere zu tragen.
aus der Unabhängigkeitserklärung der USA 1776

Jedes Volk und jedes Zeitalter hat einen veränderten Zustand der Unfreiheit und der Freiheit, und hat dann auch einen anderen Begriff und selbst ein anderes Ideal der Freiheit.
Friedrich List

Jedes Zeitalter begehrt einen neuen Inhalt der Freiheit.
Heinrich von Sybel

Jemanden mehr zu lieben als sich selbst – das ist Freiheit.
Anonymus

Junge Vögel befinden sich wohl im Käfig bis zu dem Tag, wo ihnen die Flügel gewachsen sind; man fühlt erst das Bedürfnis der Freiheit, wenn man Gebrauch davon machen will.
Edmont Francoir Valentin About

Kaufen, was einem die Kartelle vorwerfen,
lesen, was einem die Zensoren erlauben,
glauben, was einem die Kirche und Partei gebieten.
Beinkleider werden zur Zeit mittelweit getragen.
Freiheit gar nicht.
Kurt Tocholsky

Kein einzelner kann glücklich sein, ehe es nicht alle sind, weil kein einzelner frei sein kann, ehe nicht alle frei sind.
Richard Wagner

Kein Mann der Erde, wahrlich!, ist ein freier Mann.   Euripides

Kein Mensch muss müssen.   Gotthold Ephraim Lessing

Kein Mensch bekämpft die Freiheit; er bekämpft höchstens die Freiheit der anderen. Jede Art der Freiheit hat daher immer existiert, nur einmal als besonderes Vorrecht, das andere Mal als allgemeines Recht.
                                                                       Karl Marx

Kein nachahmender höherer Affe sollte der zur Freiheit erschaffene höhere Mensch sein, sondern, auch wo er geleitet wird, im glücklichen Wahn stehen, dass er selbst handele.
                        Johann Gottfried von Herder

Keine Freiheit ohne Tatkraft.
                                    Sully Prudhomme

Keine Unterwerfung ist so vollkommen wie die, die den Anschein der Freiheit wahrt. Damit lässt sich selbst der Wille gefangen nehmen.
                                 Jean Jacques Rousseau

Keine Zeit und keine Macht ist imstande, den Wunsch nach Freiheit zu unterdrücken.
                                Niccolò Macchiavelli

Keiner ist mehr hoffnungslos hörig als die, die fälschlicherweise glauben, sie seien frei.
                      Johann Wolfgang von Goethe

Keines Mannes Herr, keines Herren Mann.
                          Sprichwort

Kraft wird aus dem Zwang geboren und stirbt an der Freiheit.
                                    Leonardo da Vinci

Kunst ist Magie, befreit von der Lüge, Wahrheit zu sein.
                                          Theodor W. Adorno

Lass mich der neuen Freiheit genießen,
lass mich ein Kind sein, sei es mit. Friedrich von Schiller

Lass mich ein freier Mensch sein

Frei zu reisen, frei anzuhalten, frei zu arbeiten, Handel zu treiben, wo ich möchte, frei, meine eigenen Lehrer auszuwählen, frei, der Religion meiner Väter zu folgen, frei, z denken, zu reden und zu handeln für mich selbst – und ich werde jedem Gesetz folgen und mich der entsprechenden Strafe unterwerfen. Chief Joseph

Lasst mich nur auf meinem Sattel gelten.
Bleibt in Euren Hütten, Euren Zelten.
Und ich reite froh in alle ferne,
über meiner Mütze nur die Sterne. Johann Wolfgang v. Goethe

"Leben ist nicht genug," sagte der Schmetterling…
"Sonnenschein, Freiheit und eine kleine Blume gehören auch dazu…" Hans Christian Andersen

Liberalismus ist durch Vorsicht gemäßigtes Vertrauen; Konservatismus ist durch Furcht gemildertes Misstrauen der Menschen. William Gladstone

Lieber ein Jahr gesungen, als tausend gelesen,
lieber Geschichte machen als zur Geschichte gehören,
lieber Soldat als Advokat der Freiheit. Georg Herwegh

Macht ist Pflicht – Freiheit ist Verantwortlichkeit.
Marie v. Ebner-Eschenbach

Männer wollen nicht die große Freiheit. Sie wollen viel kleine Freiheiten.
Anonymus

Man darf nicht warten, bis der Freiheitskampf Landesverrat genannt wird.
Erich Kästner

Man ist nur frei, wenn man nichts will. Wozu will man frei sein?
Elias Canetti

Man kann eine Idee durch eine andere verdrängen, nur die der Freiheit nicht.
Ludwig Börne

Man kann in wahrer Freiheit leben und doch nicht ungebunden sein.
Johann Wolfgang v. Goethe

Man kann nicht in den Menschen den Charakter und den Mut ausbilden, wenn man ihnen die Initiative und die Unabhängigkeit nimmt.
Abraham Lincoln

Man könnte sagen, dass unser Land absichtlich befreit wurde, um zu beweisen, dass es nicht in der Lage ist, sich selbst zu regieren.
Alexandros Papadiamantis

Man kann niemals eine Revolution machen, um damit eine Demokratie zu gründen. Man muss eine Demokratie haben, um eine Revolution herbeiführen zu können.
Gilbert Keith Chesterton

Man lobt das Freidenken und liebt das Freileben. Sprichwort

Man muss die Menschen zur Freiheit und zu einem geläuterten Willen wecken. Tun müssen sie es selbst, durch eigene Kraft. Es gibt keine andere.
Henrik Ibsen

Man muss einem jungen Mädchen seine Freiheit lassen; nur soll man ihm kein Gelegenheit geben, sie zu benutzen.
Sören Kierkegard

Man muss lernen, bei allem was man tut, innerlich frei zu sein.
Meister Eckhart

Man muss vor allem die Freiheit anderer Menschen achten – Gott tut es auch.
Johannes XXIII.

Man muss, will man sein Glück genießen, die Freiheit zu behaupten wissen.
Fürchtegott Gellert

Man soll frei sein, aber man soll gerecht und maßvoll sein.
Alexandre Vinet

Man sollte nie seine beste Hose anziehen, wenn man hingeht, um für Freiheit und Wahrheit zu kämpfen. Henrik Ibsen

Man wird häufig finden, daß die Verteidiger der Freiheit nicht selten die größten Tyrannen in ihrem Hause sind.
Georg Christoph Lichtenberg

Manche Leute wären frei, wenn sie zu dem Bewusstsein ihrer Freiheit kommen könnten. Marie von Ebner Eschenbach

Man sagt, man solle einen schlafenden Sklaven nicht wecken, er träume vielleicht von der Freiheit. Darauf erwidere ich, dass man ihn wohl wecken solle, um mit ihm über die Freiheit zu sprechen.
Khalil Gibran

Manche meinen, sie seien liberal geworden, nur weil sie die Richtung ihrer Intoleranz geändert haben.
Wieslaw Brudzinski

Manche Politiker unserer Zeit pflegen es als einen sich von selbst verstehenden Satz hinzustellen, dass kein Volk frei sein dürfe, bis es fähig sei, sich seiner Freiheit zu bedienen. Dieser Grundsatz ist des Toren in der alten Geschichte würdig, der beschloss, nicht eher ins Wasser zu gehen, als bis er schwimmen gelernt hätte.
Thomas Babington Macaulay

Mancher kann seine eigenen Ketten nicht lösen, und doch ist er dem Freunde ein Erlöser.
Friedrich Wilhelm Nietzsche

Mancher wähnt sich frei, und siehet nicht die Bande, die ihn schnüren.
Friedrich Rückert

Mein ganzes Leben, meine ganze Kraft habe ich dem herrlichsten der Welt, dem Kampf für die Befreiung der Menschheit geweiht.
Nikolai Alexejewitsch Ostrowski

Maxime: Eine Regel, die die Willkür sich selbst für den Gebrauch der Freiheit macht.
Immanuel Kant

Mein Geist dürstet nach Taten, mein Atem nach Freiheit.
Friedrich von Schiller

Mein Herr, ich teile Ihre Meinung nicht, aber ich würde mein Leben dafür einsetzen, dass Sie sie äußern dürfen. Voltaire

Meine Freiheit endet dort, wo die Freiheit meines Gegenübers beginnt. Anonymus

Menschen neigen dazu, im Kampf um das hehre Gut der Freiheit das Leben zu riskieren, aber nur, um es hernach einem neuen Führer anzudienen. Fjodor Michailowitsch Dostojewskij

Menschliche Unabhängigkeit und Freiheit hängt weniger von der Stärke des Arms als von der Mäßigung der Begierden ab. Jean Jacques Rousseau

Mir ist die gefährliche Freiheit lieber als die ruhige Knechtschaft. Jean-Jacques Rousseau

Müßiggang ist nicht Nichtstun, sondern die Freiheit zu tun, was man will- Anonymus

Mit der Unterdrückung der Freiheit schmieden die Diktatoren die Waffen für ihren eigenen Untergang. Erich Limpach

Nach Freiheit strebt der Mann, das Weib nach Sitte. Johann Wolfgang von Goethe

Nach Freiheit schreien meistens die am lautesten, die sie selbst allen anderen diktieren möchten. Peter Sirius

Mit dem ersten Glied ist die Kette geschmiedet. Wenn die erste Rede zensiert, der erste Gedanke verboten, die erste Freiheit verweigert wird, dann sind wir alle unwiderruflich gefesselt.
Erik Satie

Mitten in dem furchtbaren Reich der Kräfte und mitten in dem heiligen Reich der Gesetze baut der ästhetische Bildungstrieb unvermerkt an einem dritten, fröhlichen Reich des Spiels und des Scheins, worin er dem Menschen die Fesseln aller Verhältnisse abnimmt und ihn von allem, was Zwang heißt, sowohl im Physischen als im Moralischen entbindet. Wenn in dem dynamischen Staat der Rechte, der Mensch dem Menschen als Kraft begegnet und sein Wirken beschränkt – wenn er sich ihm in dem ethischen Staat der Pflichten mit der Majestät des Gesetzes entgegenstellt und sein Wollen fesselt, so darf er ihm im Kreise des schönen Umgangs, in dem ästhetischen Staat nur als Gestalt erscheinen, nur als Objekt des freien Spiels gegenüberstehen. Freiheit zu geben durch Freiheit ist das Grundgesetz dieses Reichs. Johann Christoph Friedrich von Schiller

Nationalität ist das einzige Hindernis für die Entfaltung der Freiheit.
Leo Nikolajewitsch Graf Tolstoi

Negative Freiheit ist das Gegeneinander. Ich werde letztlich von der Rücksichtslosigkeit des Andern beherrscht. Eine solche Freiheit ist fremdbestimmt. Positive Freiheit ist das Miteinander und erfordert meine volle Zustimmung.
Hans A. Pestalozzi

Nicht alle, die die Freiheit zu schätzen behaupten, schätzen auch den Widerspruch, obwohl er nichts anderes als die erste und natürlichste Folge der Freiheit ist. Sigmund Graff

Nehmt die Gottheit auf in euren Willen, und sie steigt von ihrem Weltenthron!
Des Gesetzes strenge Fessel bindet nur den Sklavensinn, der es verschmäht;
mit des Menschen Widerstand verschwindet auch des Gottes Majestät.
Friedrich v. Schiller

Neugier ist ein verletzliches Pflänzchen, das nicht nur Anregung, sondern vor allem freiheit braucht.
Albert Einstein

Nicht das macht frei, dass wir nichts über uns anerkennen wollen, sondern eben, dass wir etwas verehren, das über uns ist.
Johann Wolfgang von Goethe

Nicht das Verbrecherische ist am schwersten zu gestehen, sondern das Lächerliche und das Schimpfliche.
Jean Jaqcues Rousseau

Nicht der Determinismus, sondern der Fatalismus ist das Gegenteil der Freiheit.
Jean Paul Sartre

Nicht der Geist, das Herz macht frei.
Carl Ludwig Börne

Nichts ist herrenlos auf dieser Erde, nicht einmal der Herr, nichts ist frei, nicht einmal die Luft, man kann sie dir nehmen.
Carl Ludwig Börne

Nicht die eigene Koalition hat mich gestürzt, sondern meine Sünden gegen liberale Ideen.
Napoleon I.Bonaparte

Nichts ist freier als der Gedanke des Menschen. David Hume

Niemand ist vollkommen frei, da man auch ein Sklave seiner Unabhängig ist.
Alfred Capus

Nichts kann bedingungslos sein; folglich kann nichts frei sein.
George Bernard Shaw

Nichts, nicht einmal die modernste Waffe, nicht einmal die auf brutalste Weise schlagkräftige Polizei, nein, überhaupt gar nichts wird die Menschen aufhalten können, wenn sie erst einmal entschlossen sind, ihre Freiheit und ihre Menschenrechte zu erringen.
Desmond Tutu

Nie und nirgendwo gab es Ordnung und Freiheit, und niemals hörte die Welt auf, nach beiden zu verlangen
Alfred de Vigny

Nie war ich überzeugter als heute, dass nur die Freiheit und die Religion in einer gemeinsamen Bemühung die Menschen aus dem Sumpf herausziehen können, in den die Demokratie sie stößt, sobald eine dieser Stützen ihnen fehlt.
Alexis de Tocqueville

Niemand ist mehr Sklave als der sich für frei hält, ohne es zu sein.
Johann Wolfgang v. Goethe

Niemand kann das Ende einer Kette um den Hals seines Nächsten legen, ohne das Gott zugleich das andere Ende um den Hals des Bedrückers schlingt.
Alphonse de Lamartine

Niemand ist frei, der nicht über sich selbst Herr ist.
Matthias Claudius

Niemand kann völlig frei sein, wenn nicht alle frei sind. Niemand kann völlig tugendhaft sein, wenn nicht alle tugendhaft sind. Niemand kann glücklich sein, wenn nicht alle glücklich sind.
Herbert Spence

Notwendigkeit in Freiheit umwandeln.
Gerhard von Mutius

Nun aber ist der Tod die große Gelegenheit, nicht mehr Ich zu sein: wohl dem, der sie benutzt. Während des Lebens ist der Wille des Menschen ohne Freiheit ... Daher löst der Tod jene Bande: der Wille wird wieder frei.
Arthur Schopenhauer

Nur auf dem Begriff von „Ordnung" kann der der „Freiheit" ruhen.
Klemens Wenzel Lothar v. Metternich

Nur auf dem Boden wirklicher Freiheit kann sich alles Große entwickeln.
Ferdinand Lasalle

Nur dann bin ich wahrhaft frei, wenn alle Menschen, die mich umgeben, Männer und Frauen, ebenso frei sind wie ich. Die Freiheit der anderen, weit entfernt davon, eine Beschränkung oder die Verneinung meiner Freiheit zu sein, ist im Gegenteil ihre notwendige Voraussetzung und Bejahung.
Michail Bakunin

Nur der verdient die Freiheit wie das Leben, der täglich sie erobern muss.
Johann Wolfgang v.Goethe

Nur der Gehorsam dauert, der freiwillig ist.   Niccolo Macchiavelli

Nur der Körper eignet jenen Mächten, die das dunkle Schicksal flechten; aber frei von jeder Zeitgewalt, die Gespielin seliger Naturen, wandelt oben in des Lichtes Fluren göttlich unter Göttern die Gestalt.   Friedrich v. Schiller

Nur der Mensch ist frei, der sich seine eigenen Gedanken im Kopf ausbildet, niemand etwas nachspricht, was er nicht versteht oder selber einsieht, der die Gesetze kennt, die Gott in seine Brust geschrieben hat, und ohne Menschenfurcht ihnen gerecht zu werden strebt.
Berthold Auerbach

Nur derjenige ist frei, der alles um sich herum frei machen will-   Johann Gottlieb Fichte

Nur die Verbesserung des Herzens führt zur wahren Freiheit.   Johann Gottlieb Fichte

Nur die, welche nichts lieben und nichts hassen, tragen keine Fesseln.   Dhammapada 16

Nur freie Menschen sind einander wahrhaft dankbar.
Benedictus Spinoza

Nur wer sich bewegt, spürt seine Fesseln.   Rosa Luxemburg

Nur durch sich selber wird der Mensch erlöst, durch sich und in sich.   Karl Emil Franzos

Nur wer die Freiheit anderer achtet, ist selbst der Freiheit wert.
Johann Jacobi

O, der Freie trägt erhaben in der Brust das Weltgericht.
Christoph August Tiedge

O Freiheit! Du bist ein böser Traum!
Heinrich Heine

Oh Freiheit, Freiheit, Gottes Schoß entstiegen,
du aller Wesen seligstes Vergnügen,
an tausenfachen Wonnen reich,
machst du die Menschen Göttern gleich.
Christian Friedrich Daniel Schubart

O Freiheit, o mächtige Mutter auf ewige Zeit, dein Kleid ist purpurn vom Blute derer, die für dich gestorben sind.
Oscar Wilde

O Freiheit, Silberton dem Ohre, Licht dem Verstand und hoher Flug zu denken, den Herzen groß Gefühl.
Friedrich Gottlieb Kloppstock

Oh Freiheit, welche Verbrechen begeht man nicht in deinem Namen.
Madame Roland

Ohne Gedankenfreiheit gibt es keine Weisheit. Und ohne Redefreiheit keine öffentliche Freiheit – Sicherheit des Eigentums und Freiheit der Rede gehen immer Hand in Hand. Und in jenen unglücklichen Ländern, wo ein Mensch seine Zunge nicht sein eigen nennen kann, kann er kaum irgend etwas anderes sein eigen nennen.
BenjaminFranklin

Ohne Freiheit keine Kunst; die Kunst lebt nur von den Beschränkungen die sie sich selbst auferlegt, an den anderen geht sie zugrunde.
Albert Camus

Ohne Freiheit ist der Menschen Leben nicht der Rede wert.
Johann Heinrich Pestalozzi

Ohne Tugend und Weisheit kann keine freie Verfassung bestehen.
Johann Georg Forster

Ordnung und Ordnung allein führt endgültig zur Freiheit. Unordnung schafft Knechtschaft.
Charles Pierre Pèguy

Philosophisch besteht die Freiheit in der Ausübung seines Willens oder wenigstens (wenn allen Systemen genügt werden soll) in dem Glauben, dass man seinen Willen ausübe. Die politische Freiheit besteht in der Sicherheit, oder wenigsten in dem Glauben, den man an seinen Sicherheit hat.
Charles de Secondat, Baron de la Brède et de Montesquieu

Pöbel und Zwingherrschaft sind ewig verschwistert, die Freiheit habt ein geläutertes Volk über den Pöbel empor.
August Graf von Platen Hallermund

Politische Freiheit ist nur da möglich, wo ein Volk hinreichende Stärke in den Beweggründen des sittlichen Handelns erlangte.
Anastasius Grün

Pfeiler, Säulen kann man brechen, aber nicht ein freies Herz.
Johann Wolfgang von Goethe

Raum, ihr Herren, dem Flügelschlag einer freien Seele.
Georg Herwegh

Recht hat wenig Sinn, wenn es die Freiheit nicht schützt.
Thomas Dehler

Recht ist, was der Freiheit dient.   Thomas Dehler

Religionsfreiheit ist nicht Gedankenfreiheit, denn welche Religion ist so frei? Sie wäre am Ende.   Raymond Walden

Revolution ist der Krieg der Freiheit gegen ihre Feinde.
Maximilian de Robespierre

Romane schließen damit, dass Held und Heldin heiraten. Damit müsste man anfangen, aufhören aber damit, dass sie sich wieder trennen, das heißt befreien. Denn das Leben von Menschen so beschreiben, dass man mit der Schilderung der Hochzeit abbricht, ist nicht anders, als beschriebe man die Reise eines Mannes und bräche den Bericht an der Stelle ab, wo er Räubern in die Hände fällt.
Leo Tolstoi

Satte Menschen sind nicht notwendigerweise frei, hungernde Völker sind es in jedem Falle nicht.   Willy Brandt

Schreiben bindet. Bewahre deine Freiheit.   Paul Valèry

Sehe ich ihn (den Menschen) in seiner Freiheit, so sehe ich ihn in seiner Würde.   Karl Jaspers

Schüler: „Was ist der Pfad zur Befreiung?"
Seng-ts'an: „Wer bindet dich?"
Schüler: „Niemand bindet mich."
Seng-ts'an: „Weshalb möchtest du dann befreit werden?"
aus dem Zen-Buddismus

Seine notwendigen Bedürfnisse so viel wie möglich selber befriedigen, wenn auch unvollkommen, das ist die Richtung auf Freiheit von Geist und Person. Viele, auch überflüssige Bedürfnisse sich befriedigen lassen, und so vollkommen als möglich, erzieht zur Unfreiheit. Friedrich Wilhelm Nietzsche

Sesam öffne dich - ich möchte hinaus! Stanislaw Lec

Setz einen Adler in den Käfig und er wird in die Stäbe beißen, ob sie nun von Eisen oder von Gold sind. Henrik Ibsen

Sicherheit erreicht man nicht, indem man Mauern errichtet. Sicherheit gewinnt man, indem man Tore öffnet. Anonymus

Sie streiten sich, so heißt's, um Freiheistrechte. Genau besehen, sind's Knechte gegen Knechte.
Johann Wolfgang v. Goethe

Siehe, das ist die rechte geistliche, christliche Freiheit, die das Herz frei macht von allen Sünden, Gesetzen und Geboten, welche alle unsere Freiheit übertrifft wie der Himmel die Erde. Martin Luther

Singt der Vogel im Käfig, oder weint er? Sorbisches Sprichwort

So gut man einen Wolf auch füttert, er wird doch immer
nach dem Wald schielen. Iwan Sergejewitsch Turgenjew

So lange kein Herr, so lang auch kein Knecht. Sprichwort

So sehr ich mir wünschte, die Menschen im Genusse
völliger Freiheit zu sehen, weiß ich wohl, dass die wenigsten
etwas Vernünftiges mit ihr anzufangen, ja die meisten sie
überhaupt nur zu missbrauchen wüssten. Arthur Schnitzler

So süß klingt allen Menschen das Wort Freiheit, dass selbst
Keckheit und Frechheit überall Anklang finden, weil sie mit
der Freiheit einige Ähnlichkeit haben. Francesco Petrarca

So unentbehrlich die christliche Liebestätigkeit ist, sie
vermag die soziale Frage nicht zu lösen. Nur die Freiheit ist
das sie lösende soziale Gut. Allein die Freiheit führt zur
Bildung und umgekehrt. – doch wirkliche, innere Freiheit
gibt nur das Christentum. Rudolf Sohm

So viel Gestalten, als es Menschen gibt,
hat Freiheit: Einem ist Geliebte sie,
in deren Anschaun er sich selig fühlt,
dem andern eine rasende Mänade,
an deren Seit' er sich im Schlamme wälzt. Franz Grillparzer

Stärke des Charakters und Erleuchtung des Kopfes
müssen sich vereinigen, wenn politische Freiheit
in großem Maße vorhanden sein soll,
ohne eine Nation zugrunde zu richten. Friedrich von Gentz

So, wie die Freiheit eine Voraussetzung für die Demokratie ist, so schafft mehr Demokratie erst den Raum, in dem Freiheit praktiziert werden kann.
Willy Brandt

So weit deine Selbstbeherrschung geht, soweit geht deine Freiheit.
Marie v. Ebner-Eschenbach

Sobald die Demokratie das, was sie sucht, die Gleichheit, erreicht hat, so gibt sie wohlfreien Preises die Freiheit auf.
Francois René de Chateaubriand

Solange die Freiheit nicht in allen Ländern blüht, kann sie in einem einzelnen nicht gedeihen.
John Fitzgerald Kennedy

Solange wir um die Freiheit kämpfen mußten, kannten wir unser Ziel. Jetzt haben wir die Freiheit und wissen gar nicht mehr so genau, was wir wollen.
Vaclav Havel

Solch ein Gewimmel möchte ich sehn, auf freiem Grund mit freiem Volke stehn.
Johann Wolfgang von Goethe

Spricht der Hungrige von Freiheit, meint er Brot. Hans Kasper

Süßer Name Freiheit.
O dulce nomen libertatis.
Marcus Tullius Cicero

Stehen bleiben: es wäre der Tod. Nachahmen: es ist schon eine Art von Knechtschaft. Eigene Ausbildung und Entwicklung: das ist Leben und Freiheit. Leopold von Ranke

Talare hindern freien Gang, Reichtümer freie Seele.
Johann Gotfried von Herder

Traurig, wenn Analphabeten um Pressefreiheit kämpfen.
Zarko Petan

Tue, was du willst, sagte Gott – und zahle dafür.   aus Spanien

Übergroße Freiheit schlägt in nichts anderes um als in übergroße Knechtschaft. Das gilt für den einzelnen wie für den ganzen Staat.
Platon

Übertriebene Freiheit führt Völker und Einzelne in übertriebene Sklaverei. Aus jener Freiheit entsteht ein Tyrann und die härteste, ungerechteste Knechtschaft. Kein brand ist so groß, den man nicht leichter beschwichtigen könnte, als die durch Unverschämtheit zügellos gewordene Menge.
Marcus Tullius Cicero

Um die Helden des Geistes ist Freiheit.
Sie gehorchen den Gesetzen der Ewigkeit.   Friedrich Lienhard

Um die Seele zu füllen, muss sie erst entleert werden.
Thukydides

Und wenn Freiheit und Gerechtigkeit in Ewigkeit nichts als schöne Morgenröte wäre, so will ich lieber mit der Morgenröte sterben, als den glühenden, ehernen Himmel der blinden Despotie über meinem Schädel brennen zu lassen.
Johann Gottfried Seume

Um sich frei zu fühlen, gibt es ein einfaches Mittel: Nicht an der Leine zerren.
Hans Krailsheimer

Und Freie seid ihr nicht geworden, wenn ihr das Recht nicht festgestellt.
Ludwig Uhland

Und der ist nicht frei, der da will tun können, was er will, sondern der ist frei, der da wollen kann, was er tun soll.
Christian Morgenstern

Unbeschränkte Freiheit erzeugt unfehlbar Auflehnung, selbst gegen geachtete Gesetze – Unmut, Misstrauen, Wühlerei und zuletzt Unterdrückung aller Freiheit. Vernunft und Erfahrung drängen zu einem Ebenmaß von Freiheit und Beschränkung. Nur diese Ebenmaß kann befriedigen. Am wenigsten vermag dies ein bloßer Schein, sei es von Freiheit, sei es von Beschränkung.
Ignaz Heinrich Carl Freiherr von Wessenberg-Ampringen

... und wer die Liebe zur Freiheit bis zum Wahnsinn steigert, dass er, um aller geselligen Bande los zu sein, wie ein Vogel in der Luft zu fliegen wagt, den trifft des Ikarus Geschick.
Carl Ludwig Börne

... und wenn ihr dann in vielen Jahren sterbend in eurem Bett liegt, währt ihr dann nicht bereit jede Stunde einzutauschen von heute bis auf jenen Tag, um einmal nur, ein einziges Mal nur wieder hier stehen zu dürfen, um unseren Feinden zuzurufen: "ja sie mögen uns das Leben nehmen, aber niemals nehmen sie uns - UNSERE FREIHEIT!!!"
William Wallace

Unersättlichkeit in der Freiheit und Gleichgültigkeit gegen alles andere verwandelt sie und macht Menschen für die Gewaltherrschaft bereit.
    Platon

Unfreiheit ist ein Phänomen der Freiheit.
    Sören Kierkegaard

Ungebundenheit steigert Tugend wie Laster.
    Luc de Clapier Vauvenargues

Unsere Freiheit ist der Stein der Weisen; man sagt, dass er wirklich in der Welt sei. Unsere Väter haben ihn gesucht und sind darüber gestorben und verdorben. Wir suchen ihn auch, und es wird uns wohl nicht besser gehen als jenen.
    Johann Jakob Moser

Unsere Freiheit ist nicht durch die Regeln der äußerlichen Welt begrenzt, wohl aber durch die Regellosigkeit unserer eigenen inneren Welt.
    Pavel Kosorin

Unsere Taten müssen vor allem ein Ausdruck unserer Freiheit sein, sonst gleichen wir Rädern, die sich drehen, weil sie von außen dazu gezwungen werden.
    Rabindranath Tagore

Vaterland und Freiheit,
dieser Ruf muss bleiben,
wenn lange unserer Gräber Sand
und uns'ren Staub die Winde treiben.
    Ernst Moritz Arndt

Unter freiem Himmel biegt sich kein Balke.
    Sprichwort

Verlorener Posten in dem Freiheitskriege. Hielt ich seit dreißig Jahren treulich aus. Ich kämpfte ohne Hoffnung, dass ich siege. Ich wusste, nie komm ich gesund nach Haus'.
Heinrich Heine

Vernunft und Erfahrung drängen zu einem Ebenmaß von Freiheit und Beschränkung. Nur dieses Ebenmaß kann befriedigen. Am wenigsten vermag dies ein bloßer Schein, sei es von Freiheit, sei es von Beschränkung.
Ignaz Heinrich Carl Freiherr von Wessenberg-Ampringen

Viel Freizeit kann ermüdend wirken, wenn die Menschen sich nicht vernünftig und interessant beschäftigen.
Bertrand Russell

Viele denken, sie sind frei, weil sie machen können, was sie wollen, und merken doch nicht, dass sie ihre Diktatur in sich tragen.
Ernesto Cardenal

Vielleicht erscheint man niemals so ungezwungen, als wenn man eine Rolle zu spielen hat.
Oscar Wilde

Vielleicht sind die tiefsten Gegensätze der Menschen durch die Weise ihres Freiheitsbewusstseins bestimmt.
Karl Jaspers

Völlig frei wird der Mensch nur dann, wenn es ihm einerlei sein wird, ob er lebt oder nicht. Das ist das Ziel aller Bestrebungen.
Fjodor Michailowitsch Dostojewski

Vögel im Käfig sprechen vom Fliegen. Freie Vögel fliegen.
aus China

Vogel und Käfig sind füreinander. Aber der Mensch will keinen kleineren Käfig als die Welt.
Christian Friedrich Hebbel

Von der Freiheit kann man auch nicht ein Stückchen abschneiden, weil die Freiheit sich sonst in diesem Stückchen zentralisieren würde.
Michail Aleksandrowitsch Bakunin

Von niemandem abhängen, der Herr seines Herzens, seiner Grundsätze seiner Gefühle sein; nichts habe ich seltener gesehen.
Nicolas Sèbastien Roch Chamfort

Vor dem Sklaven, wenn er die Kette bricht, vor dem freien Menschen erzittert nicht.
Friedrich v. Schiller

Voraussetzung der demokratischen Verfassung ist die Freiheit, und nur in dieser Verfassung können die Bürger die wahre Freiheit genießen.
Aristoteles

Wahre Freiheit entdeckt der Mensch erst dann, wenn er das Interesse daran verliert, welchen Eindruck er erweckt.
aus China

Wahre Freiheit ist nicht die Willkür, zu denken du zu tun, was man mag, sondern der Gehorsam gegen das, was uns im Innersten verpflichtet.
Friedrich August von Pauli

Wahre Freiheit
Macht euch erst von der Freiheit frei,
wollt wirklich frei ihr werden;
kein Sklave sein von der Menge Geschrei,
heißt frei sein erst auf Erden.
Franz Grillparzer

Wahre Freiheit macht edelmütig und bescheiden und nicht unverschämt.
Johann Heinrich Pestalozzi

Wahrhaft frei ist nur der, welcher sich selber sittlich gebunden hat. Ehre und Lebensglück werden nur dem zuteil, der frühe schon gelernt hat, mit Energie Genüssen zu entsagen, haushälterisch umzugehen mit der kostbaren Gabe der Zeit, Reinheit des Geistes und des Körpers sich zu bewahren.
Ignaz von Döllinger

Wahrhaft frei ist, wer eine Einladung zum Essen ohne Begründung ablehnen kann.
Jules Renard

Was aber ist denn dies mein Selbst? Wollte ich von einem ersten Augenblick sprechen, einem ersten Ausdruck dafür, so ist meine Antwort: es ist das Abstrakteste von allem, das doch in sich zugleich das Konkreteste von allem ist – es ist die Freiheit.
Sören Kierkegaard

Was bedeutet schon Geld? Ein Mensch ist erfolgreich, wenn er zwischen Aufstehen und Schlafengehen das tut, was ihm gefällt.
Bob Dylan

Was die wahre Freiheit und den Gebrauch derselben am deutlichsten charakterisiert, das ist der Missbrauch derselben.
Georg Christoph Lichtenberg

Was den Menschen über sich selbst erhebt (...) ist nichts anderes als die Persönlichkeit, das ist die Freiheit und Unabhängigkeit von dem Mechanismus der ganzen Natur.
Immanuel Kant

Was du liebst, lass frei. Kommt es zurück, gehört es dir - für immer.
Konfuzius

Was du nicht freilässt, wird niemals wachsen. Gib den Menschen das Licht der Freiheit. Das ist die einzige Bedingung des Wachstums.
Swami Vivekananda

Was Freiheit in praktischer Beziehung ist, verstehen wir gar wohl, in theoretischer Absicht aber, was ihre Natur betrifft, können wir ohne Widerspruch nicht einmal daran denken, sie verstehen zu wollen.
Immanuel Kant

Was für menschliche Undinge findet man in der Schachtel, auf der Freiheit steht?
Honoré de Balzac

Was hilft es dir, damit zu prahlen, dass du ein freies Menschenkind? Musst du nicht pünktlich Steuern zahlen, obwohl sie dir zuwider sind?
Wilhelm Busch

Wär ich ein Jäger auf freier Flur,
ein Stück nur von einem Soldaten,
wär ich ein Mann doch mindestens nur,
so würde der Himmel mir raten;

nun muss ich sitzen so fein und klar
gleich einem artigen Kinde,
und darf nur heimlich lösen mein Haar –
und lassen es flattern im Winde.
Annette von Droste-Hülshoff

Was nützt die Freiheit des Denkens, wenn sie nicht zur Freiheit des Handelns führt.
Jonathan Swift

Was wir Freiheit nennen, ist Gottes Gedanke in uns.
Carmen Sylva

Weder körperliche noch örtliche Umstände vermögen die Freiheit liebender Seelen einzuengen.
Bernhard von Clairvaux

Wehe dem, der vor den blutenden Wunden der Freiheit unparteiisch bliebe.
Victor Marie Hugo

Wem seine Freiheit und sein Recht nicht mehr ist als seine Bequemlichkeit, der iost in jedem Falle ein armseliger Tropf.
Johann Heinrich Pestalozzi

Wenn der Hirt nicht mehr Freiheit hätte als das Schaf, so müsste er auch Gras essen.
Sprichwort

Wenn der Tempel der Freiheit fest steht, wird das Volk ihn zu schmücken wissen.
Georges Danton

Wenn du gebunden bist, wirst du gebunden bleiben. Wenn du es auszusprechen wagst, dass du frei bist, bist du im gleichen Augenblicke frei.
Swami Vivekananda

Wenn einst, was Gott verhüte, in der ganzen Welt die Freiheit verschwunden ist, so wird ein deutscher Träumer sie in seinen träumen wiederentdecken.
Heinrich Heine

Wenn euer Gewissen rein ist, so seid ihr frei.
Johann Wolfgang v. Goethe

Wenn ein Mensch Macht über seine Affekte gewinnt, allein nach der Notwendigkeit seiner Natur existiert und dadurch die Freiheit der Seele erreicht, dann ist das gleichbedeutend mit Glückseligkeit.
Baruch de Spinoza

Wenn Freiheit überhaupt etwas bedeutet, dann das Recht, anderen Leuten das zu sagen, was sie nicht hören wollen.
George Orwell

Wenn Gott existiert, ist der Mensch ein Sklave; der Mensch kann und soll aber frei sein: folglich existiert Gott nicht. Ich fordere jeden heraus, diesem Kreis zu entgehen, und nun mag man wählen.
Michail Bakunin

Wenn ich Freiheit sage, dann meine ich damit die Freiheit des einzelnen, seine Gedanken zu lenken und sein eigenes Leben so leben zu dürfen, wie er zu denken und zu leben wünscht.
John F. Kennedy

Wenn ihr eure Letten nicht zerreißt – von selber brechen sie nicht.
Erich Mühsam

Wenn man nie der Freiheit beraubt worden ist, kann sie einem leicht als selbstverständlich erscheinen.
Anonymus

Wenn man sein Herz hart bindet und gefangen legt, kann man seinem Geist viele Freiheiten geben.
Friedrich Nietzsche

Wenn Not die Tatkraft nicht entfacht, ist ein Volk der Freiheit nicht wert.
Henrik Ibsen

Wenn man sagt, eine Nation kann die Freiheit nicht vertragen, so heißt das: der weit größere Teil besteht aus Schurken, Narren und Dummköpfen, oder ein einzelner versteht es, sie dazu zu machen.
Johann Gottfried Seume

Wenn wir frei sein wollen, müssen wir uns unsere Freiheit selber schaffen und dürfen sie niemals von anderswo her erwarten.
Claude Henri Saint-Simon

Wenn wir uns frei denken, so versetzen wir uns als Glieder in die Verstandeswelt und erkennen die Autonomie des Willens, samt ihrer Folge, der Moralität; denken wir uns aber als verpflichtet, so betrachten wir uns als zur Sinnenwelt und doch zu gleich zur Verstandeswelt gehörig.
Immanuel Kant

Wenn Wörter ihre Bedeutung verlieren, verlieren Menschen ihre Freiheit.
Konfuzius

Wer an die Freiheit des menschlichen Willens glaubt, hat nie geliebt und nie gehasst.
Marie v. Ebner-Eschenbach

Wer anderen die Freiheit verweigert, verdient sie nicht für sich selbst.
Abraham Lincoln

Wer die Freiheit aufgibt, um Sicherheit zu gewinnen, der wird am Ende beides verlieren.
Benjamin Franklin

Wer an Freiheit gewohnt war, dem ist jede Kette eine Last und jegliches Band eine Fessel.
Niccolò Macchiavelli

Wer auf andere nicht mehr angewiesen zu sein glaubt, wird unerträglich.
Luc de Clapiers Marquis de Vauvenargues

Wer den Übermut anderer früher ertragen musste, wird, sobald er frei ist, nicht etwa gerecht, sondern nur seinerseits übermütig. Das ist der große Unterschied, aus Gehorsam gehorchen oder aus Achtung vor dem Gesetze.
Adalbert Stifter

Wer die Freiheit nicht im Blut hat, wer nicht fühlt, was das ist: Freiheit – der wird sie nie erringen.
Kurt Tucholsky

Wer die Segnungen der Freiheit genießen will, muss sich der Mühe unterziehen, dafür einzutreten.
Thomas Paine

Wer die Unfreiheit des Willens fühlt, ist geisteskrank, wer sie leugnet, ist dumm.
Friedrich Nietzsche

Wer edel, uneigennützig, großmütig denkt, ist überall frei; wer niederträchtig, eigennützig, kriechend denkt, ist überall Sklave.
Friedrich Maximilian von Klinger

Wer einer Republik eine Verfassung zu geben hatte, tat immer klug daran, Vorsorge für den Schutz der Freiheit zu treffen. Dies ist eine der notwendigsten Einrichtungen; von ihr hängt es ab, ob die bürgerliche Freiheit von längerer oder kürzerer Dauer ist.
Niccolò Macchiavelli

Wer frei ist - auch im Sinne finanzieller Unabhängigkeit -, ist weniger anfällig für wohlfeile Parolen all derer, die immer ganz genau wissen, was für andere gut ist.
Eckart van Hooven

Wer frei darf denken, denket wohl. — Sprichwort

Wer frei, nur der ist groß. — Gioacchino Antonio Rossini

Wer frei von sich, der ist frei für mich. — Siegfrid Brunn

Wer Freiheit hat und ist ihrer würdig, der fragt: Wozu habe ich Freiheit? Und ruht nicht, bis er erkennt, welche Frucht sie bringt. Die Frucht aber der Freiheit ist eine: das Rechte zu tun. — Hugo von Hofmannsthal

Wer für die Freiheit streitet, hat zwanzig Hände und noch so viel Herz. — Sprichwort

Wer glaubt, sich im Streben Erlösung zu sichern oder die innere Freiheit, erweist damit nur, dass er nicht erkannt hat, was Erlösung ist. Es hat sich mit dieser irrtümlichen Auffassung die Meinung zum sittlichen Lebensgesetz erhoben, dass nur der tätige Mensch sich zu vollenden vermöchte. — Waldemar Bonsels

Wer nach Geld heiratet, verliert seine Freiheit. — Sprichwort

Wer nie in Banden war, weiß nichts von Freiheit. — Jakob Bosshart

Wer Lust hat, über Sklaven zu herrschen, ist selbst ein entlaufener Sklave. Frei ist, wem Freie willig folgen und wer Freien willig dient. — Walter Rathenau

Wer politische Freiheit mit persönlicher Freiheit verwechselt und politische Gleichheit mit persönlicher Gleichheit, hat niemals auch nur fünf Minuten lang über Freiheit und Gleichheit nachgedacht. George Bernard Shaw

Wer sagt: hier herrscht Freiheit, der lügt, denn Freiheit herrscht nicht. Erich Fried

Wer seine eigene Freiheit sichern will, muss selbst seinen Feind vor Unterdrückung schützen. Thomas Paine

Wer seine Schranken kennt, der ist der Freie. Wer sich frei wähnt, der ist seines Wahnes Knecht. Franz Grillparzer

Wer sich auf Religionsfreiheit beruft, muss auch die anderen Aussagen unserer Verfassung akzeptieren. Die Gleichbehandlung von Mann und Frau gehört ebenso dazu wie die Freiheit, die Religion zu wechseln. Keine Religion kann Gewalt rechtfertigen. Wolfgang Huber

Wer sich den Gesetzen nicht fügen will, muss die Gegend verlassen, wo sie gelten. Johann Wolfgang v. Goethe

Wer sich gehen lässt, wird niemals frei. Flügel gewinnt, wer sich bindet. Otto von Leixner

Wer sich Knall und Fall, ihm selbst zu leben, nicht entschließen kann, der lebet Andrer Sklav' auf immer.
Gotthold Epraim Lessing

Wer sich nicht beherrschen kann – der will frei sein? Und wer es kann – ist er es nicht?
Ernst Freiherr von Feuchtersleben

Wer unsere Träume stiehlt, gibt uns den Tod.
Konfuzius

Wer Verantwortung fühlt, dem ist volle Freiheit größte Zwang.
Alois Essigmann

Wer von seinem Tag nicht zwei Drittel für sich selbst hat, ist ein Sklave.
Friedrich Nietzsche

Wer vor Gott gebunden ist, ist frei geworden.
Adolf Schlatter

Werde durch Freiheit, was du durch Schicksal bist.
Hugo von Hofmannsthal

Wert ist vielleicht kein Volk der Freiheit, aber das gehört vor das forum Dei.
Friedrich von Schlegel

Wessen Leben [..] ergriffen ist von dem Wahrhaftigen und Leben unmittelbar aus Gott geworden ist, der ist frei und glaubt an die Freiheit in sich und anderen.
Johann Gottlieb Fichte

Wie ein Fisch nach Luft schnappt,
der zum Strand Gezogen wurde,
so zittern und zappeln die Gedanken,
um die ersehnte Freiheit zu erlangen.
34.Vers, Dhammapada »Pfad der Lehre«;

Wie bleibt man frei? Wenn man den Tod verachtet. Plutarch

Wie sind wohl die Menschen zu dem Begriff von Freiheit gelangt? Es war ein großer Gedanke. Georg Christoph Lichtenberg

Wie Überfüllung strenge Fasten zeugt, so wird die Freiheit, ohne Maß gebraucht, in Zwang verkehrt. William Shakespeare

Wie viele Menschen mögen denn das freiwillig zugestehen, was sie am Ende doch müssen? Johann Wolfgang v. Goethe

Wie wir ohne Ketten geboren sind, so wünschen wir ohne Zwang zu leben. Friedrich II., der Große

Wie wird verloren gegangene Freiheit wiedergewonnen? Durch einen aus der Tiefe des Volkes kommenden Stoß und Sturm der sittlichen Kräfte. Conrad Ferdinand Meyer

Wie wohl ist einem bei Menschen, denen die Freiheit des anderen heilig ist. Friedrich von Schiller

Willensfreiheit ist das bewusste Ergreifen des eigenen Lebens. Frei ist, wer sich als lebendig begreift. Und sich als lebendig begreifen heißt, danach zu streben, das Gesetz des eigenen Lebens zu erfüllen. Leo Nikolajewitsch Graf Tolstoi

Willensfreiheit ist keine Tatsache, sondern ein Gefühl.
Oswald Spengler

Wille ist Wollen, und Freiheit ist Können.   Voltaire

Willst du eine freie Seele haben, so musst du entweder arm sein oder wie ein Armer leben.   Lucius Aennaeus Seneca

Willst du leben, musst du dienen; willst du frei sein, musst du sterben.   Georg Friedrich Wilhelm Hegel

Wir glauben zu leben, aber in Wirklichkeit arbeiten wir nur, um nicht zu sterben.   Sully Prudhomme

Wir haben auch Arbeit, und gar zu zweit, und haben die Sonne und Regen und Wind. Und uns fehlt nur eine Kleinigkeit, um so frei zu sein, wie die Vögel sind: nur Zeit.   Richard Dehmel

Wir haben sogar Gedankenfreiheit g'habt, insofern wir die Gedanken bei uns behalten haben.   Johann Nepomuk Nestroy

Wir Menschen bedürfen zu unserem Wachstum nicht nur der Freiheit für die Wahrheit, sondern auch der zum Irren.
          Friedrich Christoph Dahlmann

Wir schätzen nicht, was wir haben, bis es weg ist. So ist die Freiheit. Sie ist wie Luft. Wenn man sie hat, dann bemerkt man sie nicht.   Boris Jelzin

Wir sind an Gesetze gekettet um frei zu sein.
          Marcus Tullius Cicero

Wir sind dazu geschaffen, nicht zu wissen, dass wir nicht frei sind.
Paul Valèry

Wir sind frei, wenn unsere Handlungen aus unserer ganzen Persönlichkeit hervorgehen.
Henri Bergson

Wir sind nicht Kinder der Sklaven, sondern Kinder der Freien.
Galater 4,31

Wir sind Tiere in einem Glase. Wir halten die durchsichtige Schranke für keine und stoßen immer daran.
Jean Paul

Wir sind umso freier, je mehr wir de Vernunft gemäß handeln, und umso mehr geknechtet, je mehr wir uns von den Leidenschaften regieren lassen.
Gottfried Wilhelm Leibnitz

Wir wollen sein ein einzig Volk von Brüdern,
in keiner Not uns trennen und Gefahr.
Wir wollen frei sein, wie die Väter waren,
eher den Tod, als in der Knechtschaft leben.
Wir wollen trauen auf den höchsten Gott
und uns nicht fürchten vor der Macht der Menschen.
Friedrich von Schiller

Wird die Freiheit wiedergewonnen, so ist die Erbitterung heftiger, sind die Wunden tiefer, als wenn man sie verteidigt.
Noccolò Macchiavelli

Wisst ihr denn nicht, dass keine Gewalt den Willen der Freiheit bändigt?
Niccolò Macchiavelli

Wo der Starke auf den Schwachen trifft, ist das Gesetz die Freiheit des Schwächeren.
Jean Jacques Rousseau

Wo die Freiheit bedroht ist, ist die Sprache bedroht und umgekehrt.
Heinrich Böll

Wo die Freiheit nicht beizeiten verteidigt wird, ist sie nur um den Preis schrecklich großer Opfer zurückzugewinnen. Hierin liegt die Lehre des Jahrhunderts.
Willy Brandt

Wo diese Freiheit ist, frei tun nach aller Lust, so sind ein freies Volk die Säu in ihrem Wust.
Friedrich Freiherr von Logau

Wo Freiheit wohnt, da ist mein Vaterland.
John Milton

Wo Gewalt regiert, gibt es nur zwei Parteien. Die eine schreit öffentlich ja, die andere knirscht ingrimmig nein. Wo Freiheit waltet, gibt es tausend Meinungen.
Charles Tschopp

Wo Gott ist, da ist Freiheit.
Oskar von Miller

Wo sich Männer finden,
die für Ehr und Recht
mutig sich verbinden,
wohnt ein frei Geschlecht.
Max v. Schenkendorf

Wo keine Freiheit ist, wird jede Lust getötet.
Johann Wolfgang von Goethe

Wo keine Gerechtigkeit ist, ist keine Freiheit, und wo keine
Freiheit ist , ist keine Gerechtigkeit.   Johann Gottfried Seume

Wo will der angebliche Freigeist seine Beweise hernehmen,
dass es kein höchstes Wesen gebe?   Immanuel Kant

Wo wir trinken, wo wir lieben, da ist reiche, freie Welt.
        Johann Wolfgang von Goethe

Wo wir unfähig sind, die Gesetze der Notwendigkeit zu
erkennen, da glauben wir, frei zu sein.   Carl Ludwig Börne

Wollen befreit.   Friedrich Nietzsche

Worin ist Freiheit? Worin ist Größe?
Im Mut der Menschheit, der dich erfüllt.   Karl Henckell

Würde ich nur auf die Gewalt und die Wirkungen; die sie
(die Freiheit) hervorbringt, Rücksicht nehmen, so würde ich
sagen: solange ein Volk gezwungen ist, zu gehorchen, so
tut es wohl, wenn es gehorcht; sobald es sein Joch abzu-
schütteln imstande ist, so tut es noch besser, wenn es dies
von sich wirft, denn sobald es seine Freiheit durch dasselbe
Recht wiedererlangt, das sie ihm geraubt hat, so ist es
entweder befugt, sie wieder zurückzunehmen, oder man hat
sie ihm unbefugterweise entrissen.   Jean Jacques Rousseau

Würdigkeit zur Freiheit muss von unten heraufkommen; die
Befreiung kann ohne Unordnung nur von oben herunter
kommen.   Johann Gottlieb Fichte

Wonach misst sich die Freiheit, bei Einzelnen wie bei Völkern? Nach dem Widerstand, der überwunden werden muss, nach der Mühe, die es kostet, oben zu bleiben.
Friedrich Wilhelm Nietzsche

Zahme Vögel singen von Freiheit, wilde Vögel fliegen!
Sprichwort

Zu frei bringt Reu.
Sprichwort

Zugunsten der Wahrheit und der Freiheit muss man sich manchmal über die üblichen Regeln des guten Tons hinwegsetzen.
Michel de Montaigne

Zum Aufsetzen des Fußes braucht man nur eine kleine Stelle, aber man muss freien Raum vor den Füßen haben, dann erst kommt man kräftig vorwärts.
Chuang-tzu

Zum Glück brauchst du Freiheit, zur Freiheit brauchst du Mut.
Perikles

Zum Selbstgefühl erwachen, heißt schon frei sein.
Johann Georg Forster

Zur Freiheit gehören die Krisen der Freiheit.
Ralf Dahrendorf

Zur Freiheit führt eine Strasse: Verschmähung alles dessen, was nicht unser ist.
Epiktet

Zur Freiheit gehört es, abwechselnd zu regieren und regiert zu werden.
Aristoteles

Zur Freiheit hat uns Christus befreit. Bleibt daher fest und lasst euch nicht von neuem das Joch der Knechtschaft auflegen!
Die Bibel, Galater 5,1 EU

Zur Förderung des Menschen, zur Entwicklung des Geistigen ist das Lassen das höchste Mittel.
Laotse

Zur inneren Freiheit werden zwei Stücke erfordert: seiner selbst in einem gegebenen Falle Meister und über sich selbst Herr zu sein, d. i. seine Affekte zu zähmen und seine Leidenschaften zu beherrschen.
Immanuel Kant

Zusammenfassung des Benehmens: die eigene Würde bewahren, ohne die Freiheit anderer zu stören.
Francis Bacon

Zwang ist ein Übel; aber es besteht kein Zwang, unter Zwang zu leben.
Epikur

Zwang ist negativer Triumpf der Freiheit.
Hans Kudszus

Zwischen dem Schwachen und dem Starken ist es die Freiheit, die unterdrückt, und das Gesetz, das befreit.
Jean-Jacques Rousseau

Zwischen Reiz und Reaktion liegt ein Raum. In diesem Raum liegt unsere Macht zur Wahl unserer Reaktion. In unserer Reaktion liegen unsere Entwicklung und unsere Freiheit.
Victor Frankl

Namen und biografische Daten:

Abraham Lincoln (1809 - 1865) 16. Präsident der USA
Adalbert Stifter (1805 - 1868) österr. Schriftst., Maler, Pädagoge
Adalbert von Chamisso (1781 – 1831), deutsch-franz. Dichter
Adam Mickiewicz (1798 - 1855), poln. Dichter, Nationaldichter
Adamantios Korais (1733 - 1833), griech. Schriftst., Gelehrter
Adolf Schlatter (1852 - 1938), schweiz. Theologe
Adolph Diesterweg (1790 - 1866), deutscher Pädagoge
Adolph Glassbrenner (1810 – 1876), Humorist, Satiriker
Albert Camus (1913 - 1960), franz. Schriftsteller, Philosoph
Albert Eberhard Friedrich Schäffle (1831 - 1903), Publizist
Albert Einstein (179 - 1955), Physiker und Nobelpreisträger,
Albert Gottlieb Methfessel (1785 - 1869), Komponist, Dirigent
Albert Schweitzer (1875 - 1965), Arzt, Theologe, Philosoph
Aldous Huxley (1894 - 1963), britischer Schriftsteller,
Alexander Pope (1688 -1744) engl. Dichter, Schriftst., Übersetzer
Alexander Sergejewitsch Puschkin (1799 – 1838), russ Literat
Alexandre Vinet (1797 – 1847), schweiz. Theologe, Historiker
Alexandros Papadiamantis (1851 – 1911),griech.Schriftsteller
Alexis de Tocqueville (1805 – 1859), franz. Politiker, Publizist
Alfred Capus (1858 – 1922), franz. Journalist, Theaterschriftst
Alfred Delp (1907 - 1945), Jesuit, Theologe
Alfred de Vigny(1797 – 1863), franz. Schriftsteller
Alois Essigmann (1878 – 1937). österr. Offizier, Schriftsteller
Alphonse de Lamartine (1790 - 1869), franz. Schriftsteller
Alphonse Karr (1808-1890) franz. Journalist, Schriftst., Satiriker
Ambrose Gwinneth Bierce (1842–1914), amer. Schriftst., Journalist
Anastasius Grün (1806 - 1876) slowenischer Politiker, Lyriker
Anatole France (1844 - 1924), franz. Schriftsteller
Anne Morrow Lindbergh (1906 - 2001), amerik. Schriftstellerin
Annette von Droste-Hülshoff (1797-1848) deutsche Schriftstellerin
Anselm Kiefer (1945), deutscher Maler, Bildhauer
Antoine Comte de Rivaról (1753 – 1801), franz. Schriftsteller
Antoine-Frédéric Ozanam (1813 – 1853), franz. Gelehrter
Armand Gensonné (1758 - 1793), franz. Politiker
Antisthenes (445 – 365 v. Chr.), griech. Philosoph
Aristoteles (384 – 322 v.Chr.) griechischer Phiosoph,
Arthur Schnitzler (1862 - 1931), österr. Erzähler, Dramatiker
Arthur Schopenhauer (1788 – 1868), Philosoph, Autor
August Bebel (1840 - 1913), Politiker, Parlamentarier, Autor
August Graf v.Platen Hallermund (1796-1835) Dramatiker, Lyriker
August Heinrich Hofmann v. Fallersleben (1798 -1874), dt. Dichter
August Pauly (1850 – 1914), Philosoph, Naturwissenschaftler
August von Kotzebue (1761 - 1819), deutsch Schriftst., Dramatiker
Aurelius Augustinus (354 - 430), römischer Theologe, Philosoph,

Aung San Suu Kvi (1945), birmanische Politikerin
Baltasar Gracián y Morales (1601-1658) span. Schiftsteller, Jesuit
Baruch de Spinoza (1632 - 1677), niederländischer Philosoph
Barthold Georg Niebuhr (1776 - 1831), Althistoriker
Benjamin Franklin (1706 - 1790), amerik. Schriftsteller, Staatsmann
Bernhard von Clairvaux (1090-1153) Mönch, Mystiker, Prediger
Bernardo Lopez Garcia (1838 - 1870), span. Dichter
Berthold Auerbach (1812-1882) deutscher Schriftsteller
Bertrand Barère de Vieuzac (1755 - 1841), franz. Politiker
Bertrand Russell (1872 - 1970), britischer Philosoph, Mathematiker
Bob Dylan (1941), amerik. Folk- und Rockmusiker, Lyriker
Bob Marley (1945 - 1981), jamaikan. Reggaemusiker
Carl Friedrich v. Weizsäcker (1912-2007), Philosoph, Physiker
Carl Hilty (1833 – 1909), schweizer Staatsrechtler,Laientheologe
Carl Ludwig Börne (1786-1837) deutscher Journalist,Theaterkritiker
Carl Ludwig Schleich (1859 – 1922), Chirurg, Schriftsteller
Carl Philipp Gottfried v. Clausewitz (1780-1831) preuß.General
Carl von Ossietzki (1889 - 1838), Schriftsteller, Journalist
Carlo Schmid (1896 - 1979), Politiker, Staatsrechtler
Carmen Sylva (1843 – 1916), Prinzessin Elisabeth Pauline Ottilie
César Chesneau Du Marsais (1676 - 1756) franz. Philosoph
Charles-Louis de Montesquieu (1689-1755)französischer Philosoph
Charles Pierre Péguy (1873 - 1914), franz. Schriftsteller
Charles Tschopp (1899 - 1982), schweiz. Schriftsteller
Che Guevara (1928 - 1967), südamerik. Politiker, Autor
Chief Joseph (1840 - 1904), Indianerhäuptling
Christian Friedrich Daniel Schubart(1739 -'91) Dichter,Musiker
Christian Friedr. Hebbel (1813-1863) deutscher Dramatiker, Lyriker
Christian Friedrich Wilhelm Jacobs (1764 - 1847),Schriftsteller
Christian Fürchtegott Gellert (1715 - 1769), Dichter, Philosoph
Christian Morgenstern (1871–1914) deutscher Dichter, Schriftsteller
Christian Scriver (1629 - 1691), Theologe, Kirchenliederdichter
Christo Botew (1848 - 1876) bulgar. Dichter, Revolutionär
Christoph August Tiedge (1752 - 1841), Dichter
Chuang-tzu (365 – 290 v.Chr.), chin. Philosoph, Dichter
Claude Adrien Helvétius (1715-1771) französischer Philosoph
Claude Henri Saint-Simon (1760 - 1825) franz. Autor, Publizist
Clemens Brentano (1778 - 1842), Schriftsteller
Conrad Ferdinand Meyer (1825 - 1898), schweiz. Dichter
Cosima Wagner (1837 - 1930), Leiterin Bayreuther Festspiele
Dante Alighieri (1265 - 1321), ital. Dichter, Philosoph
David Hume (1711 – 1776), schott. Philosoph, Ökonom
Denis Diderot (1713-1784) französischer Schriftsteller, Philosoph
Desmond Tutu (1931), südamerik. Theologe, anglik. Bischof
Detlef Liliencron (1844 – 1909), Dichter, Prosa-, Bühnenautor
Dhammapada, 16.Vers ausgewählte Texte des Buddha

Dhammapada »Pfad der Lehre«, 34.Vers
Die Bibel, 2.Korinther 5,1
Die Bibel, Galater 4,31
Die Bibel, Galater 5,1
Die Bibel, Galater 5,13
Die Bibel, Johannes 8,32
Dietrich Bonhoeffer (1906-1945) evangelischer Theologe
Diogenes von Sinope (ca. 405-320 v.Chr.) griechischer Philosoph
Dschelal ed-Din Rumi (1207 - 1273), pers. Dichter, Mystiker
Eckart van Hooven (1925 - 2010) Bankmanager, Politiker
Edgar Allan Poe (1809-1849) amerikanischer Schriftsteller
Edmont Francois Valentin About (1828 – 1885), franz. Schriftsteller
Edmund Burke (1729 . 1797), irischer Politiker, Philosoph, Autor
Eduard Duller (1809 - 1853), Dichter Geschichtsschreiber, Geistlicher
Elias Canetti (1905 - 1994), Schriftsteller, Aphoristiker
Emil Claar (1842 – 1930), Schauspieler, Schriftsteller, Intendant
Émile Henriot (1889 - 1961), franz. Journalist, Schriftsteller, Kritiker
Emilio Castelar y Ripoli (1832 - 1899), span. Schriftsteller, Politiker
Epiktet (50-138) griechischer Philosoph
Epikur von Samos (341 – 270 v.Chr.), griechischer Phiosoph
Erasmus von Rotterdam (1466-1536) niederl. Theologe, Philosoph
Erich Fried (1921 - 1988), österr. Lyriker, Übersetzer, Essayiyt
Erich Kästner (1899 - 1974), Schriftsteller, Drehbuchautor
Erich Limpach (1899 - 1965), Dichter, Lyriker
Erich Mühsam, (1878 – 1934), Schriftsteller, Publizist
Erik Satie (1866 - 1925), franz. Komponist
Ernesto Cardenal (1925), nicaraguan. Befreiungstheologe, Politiker
Ernst Barlach (1870 - 1938), Bildhauer, Schriftsteller, Zeichner
Ernst Bloch (1885 – 1977), Philosoph
Ernst Frhr.v. Feuchtersleben (1806 - 1849), Philosoph, Arzt, Lyriker
Ernst Moritz Arndt (1769 - 1860), Schriftsteller, Lyriker, Demokrat
Eugène Ionesco (1909 - 1994), franz.-rumän. Autor und Schriftsteller
Euripides (480 – 406 v.Chr.), griechischer Tragödiendichter
Fanny Lewald (1811-1889) deutsche Schriftstllerin
Fausto Cercignani (1941), ital. Literaturwissenschaftler, Lyriker
Ferdinand Lasalle (1825 – 1864), franz. Schriftsteller, Politiker
Fernando Pessoa (1888 - 1935), potugies. Dichter, Schriftsteller
Fjodor Michailowitsch Dostojewskij (1821 -1881), russ. Schriftsteller
Francesco Domenico Guerrazzi (1804 - 1873), ital. Autor, Politiker
Francesco Petrarca (1304 - 1374) italienischer Dichter,Schreiber
Francis Bacon (1561 - 1626), engl. Philosoph
Francois Pierre Guillaume Guizot (1787 - 1874), franz. Politiker
Francois-Rene de Chateaubriand (1768-1848) franz. Politiker, Autor
Franz Freiherr von Dingelstedt (1814-1881) deutscher Dichter
Franz Grillparzer (1791 – 1872), österr. Schriftsteller, Dramatiker
Friedrich II.(1712-1786) „der Große", König von Preußen

Friedrich August von Pauli (1802 - 1883), Bauingenieur
Friedrich Christoph Dahlmann (1785 - 1860), Staatsmann, Historiker
Friedrich Schleiermacher (1768-1834) evang. Theologe,Philosoph
Friedrich Engels (1820 - 1895), Gesellschaftstheoretiker, Philosoph
Friedrich Freiherr von Logau (1604-1655) deutscher Satiriker, Autor
Friedrich Georg Jünger (1898 -1977), Lyriker, Erzähler, Essayist
Friedrich Gottlieb Klopstock (1724 - 1803), Dichter
Friedrich Halm (1806 – 1871), österreichischer Dichter, Novellist
Friedrich Heinrich Jacobi (1743 - 1819), Philosoph, Jurist,Schriftsteller
Friedrich Lienhard (1865 - 1929), Schriftsteller
Friedrich List (1746 - 1846), Volkswirtschaftler, Politiker
Friedrich Ludwig Jahn (1778 – 1852), Haus- u. Privatlehrer,„Turnvater"
Friedrich Maximilian von Klinger (1752 - 1831), Dichter, Dramatiker
Friedrich Naumann (1860 - 1919), Theologe, Politiker
Friedrich Rittelmeyer (1872 – 1938), Theologe, Pfarrer
Friedrich Rückert (1788 – 1866), deutscher Dichter und Übersetzer
Friedrich Theodor Vischer (1807 - 1887), Philosoph, Autor, Politiker
Friedrich von Gagern (1794 - 1848), niederl. General
Friedrich von Gentz (1764 - 1832), deutsch-österr. Politiker, Schriftst.
Friedrich von Schiller (1759 – 1805), deutscher Dichter, Philosoph
Friedrich Wilhelm Nietzsche (1844 - 1900), Philosoph, Dichter,
Friedrich Wilhelm Weber (1813 - 1894), Arzt, Schriftsteller, Politiker
Gabriel Laub (11928 - 1998), poln. Journalist, Satiriker, Aphoristiker
George Bernard Shaw (1856 - 1950), irisch –britischer Dramatiker,
Georg Büchner (1813 - 1837), Wissenschaftler, Schriftsteller
Georg Christoph Lichtenberg (1742–1799), dt. Schriftst., Physiker
Georg Herwegh (1817 - 1875), Dichter, Übersetzer
Georg Friedrich Wilhelm Hegel (1770 - 1831), Philosoph
George Bernard Shaw (1856 - 1950), irisch –britischer Dramatiker,
George MacDonald (1824 - 1905), schott. Geistlicher, Schriftsteller
George Orwell (1903 - 1950), engl. Journalist, Essayist, Schriftsteller
George Sand (1804 - 1876), franz. Schriftstellerin
George Washington (1732 - 1799), 1. Präsident der USA
Georges Danton (1759 - 1794), franz. Politiker, Revolutionsführer
Gerhard von Mutius (1872 - 1934), Diplomat
Gioacchino Antonio Rossini (1792 - 1868), ital. Komponist
Giacomo Casanova (1725 – 1798), venezian. Schriftst., Abenteurer
Giacomo Matteotti (1885 - 1924), ital. Politiker
Giannis Psycharis (1854 - 1929), griech. Philologe, Schriftsteller
Gilbert Keith Chesterton (1864-1936) engl. Buchautor, Journalis
Gino Cervi (1901 - 1974), ital. Schauspieler
Giuseppe Mazzini (1805 - 1872), ital. Jurist, Demokrat
Gottfried Wilhelm v. Leibniz (1646-1714) deutscher Wissenschaflter
Gotthold Ephraim Lessing (1729 - 1781), dt. Dichter, Dramatiker
Graf Benso di Cavour (1810 - 1861), ital. Staatsmann
Graham Wallas (1858 - 1932), engl. Soziologe

Grigorios Palaiologos (1794 - 1844), griech. Schriftsteller
Hans A. Pestalozzi (1929 – 2004), schweiz. Ökonom, Publizist, Autor
Hans Christian Andersen (1805-1875) dän. Schriftsteller, Dichter
Hans Kasper (1916 - 1990), Schauspieler, Hörspielautor
Hans Krailsheimer (1888 - 1958), Aphoristiker
Hans Kudszus (1901 - 1977), Schriftsteller, Aphoristiker
Hans Thoma (1839 - 1924), Maler, Graphiker
Harriet Beecher-Stowe (1811 - 1896), amerik. Schriftstellerin
Heinrich Böll (1917 - 1985), Schriftsteller, Übersetzer
Heinrich Daniel Zschokke (1771-1848) deutsch.Schriftst.,Pädagoge
Heinrich Heine (1797 –1856), deut. Schriftsteller, Dichter, Journalist
Heinrich Rudolf Hildebrand (1824–1894), Germanist, Wissenschaftler
Heinrich von Kleist (1777 - 1811), dt. Dramatiker, Erzähler, Lyriker
Heinrich von Sybel (1817-1895) deutscher Historiker, Politiker
Heinrich von Treitschke 1834 – 1896), Politiker, Publizist
Henri Bergson (1859 – 1941), franz. Philosoph, Schriftsteller
Henri Linguet (1736 - 1794), franz. Schriftsteller
Henriette von Paalzow (1788 . 1847), Schriftstellerin
Henriette Wilhelmine Hanke (1782-1865) polnische Schriftstellerin
Henrik Ibsen (1828-1906) norwegischer Schriftsteller, Dramatiker
Henry de Montherlant (1895-1972) franz. Essayist, Dramatiker
Henry Louis Mencken (1880-1956) amerik. Schriftsteller, Journalist
Henry St. John, 1.Viscount Bolingbroke (1678 – 1751) engl. Politiker
Henry Thomas Buckle (1821 – 1862), engl. Historiker
Herbert Spencer (1820 – 1903), engl. Philosoph, Soziologe
Hermann von Schell (1850 – 1906), ath. Theologe, Dogmatiker
Ho Ci Minh (1890 – 1969), vietnames. Politiker, Revolutionär
Honore de Balzac (1799 - 1850), französischer Schriftsteller
Honoré Gabriel de Riquieti Graf von Mirabeau (1749 - 1791) Politiker
Hugo Grotius (1583 - 1645), niederl. Gelehrter, Philosoph, Theologe
Hugo von Hofmannsthal (1874 - 1929), österr. Schriftsteller, Lyriker
Hugues-Félicité Robert de Lamennais (1782 - 1854), franz. Philosoph
Ignaz Heinrich von Wessenberg (1774 - 1860), kath. Theologe
Ignaz von Döllinger (1799 – 1890), kath. Theologe, Kirchenhistoriker
Immanuel Kant (1724 - 1804), deutscher Philosoph
Iwan Sergejewitsch Turgenjew (1818-1883) russ.Schriftsteller
Jack Nicholson (1937) amerikanischer Schauspieler
Jakob Bosshart (1862 - 1924), schweiz. Schriftsteller
Jakob Böhme (1575 - 1624), Theosoph, Philosoph, Mystiker
Jean Anouilh (1910 - 1987), französischer Schriftsteller
Jean Baptiste Henri de Lacordaire (1802 - 1861), Dominikaner
Jean de La Bruyère (1645 - 1696), französischer Schriftsteller
Jean-Jaques Rousseau (1717 -1778), Genfer Schriftst., Philosoph,
Jean Paul (1763 - 1825), deutscher Schriftsteller
Jean Paul Sartre (1905 - 1980), franz. Schriftsteller, Philosoph
Jeanne Moreau (1928), franz. Schauspielerin

Jeremias Gotthelf (1797 - 1854), schweizerischer Schriftsteller
Jeremy Bentham (1748-1832) engl. Jurist, Philosoph, Reformer
Johann Christian Friedrich Hölderlin (1779-1843) deutscher Lyriker
Johann Friedrich Herbart (1776 – 1841), Philosoph, Pädagoge
Johann Georg Fischer (1816 - 1897), Lyriker, Dramatiker
Johann Georg Forster (1754-1794) dt. Wissenschaftler,Schriftsteller
Johann Gottfried Seume (1763 - 1810), Dichter, Schriftsteller
Johann Gottfr. v.Herder (1744-1803) dt.Dichter,Philosoph,Theologe
Johann Gottlieb Fichte (1762 – 1814), Erzieher, Philosoph
Johann Heinrich Pestalozzi (1746 - 1827), schweizer Pädagoge
Johann Jakob Moser (1701 - 1785), Staatsrechtler
Johann Jakob Wilhelm Heinse (1746-1803) dt. Schriftsteller
Johann Jacobi (1805 - 1877), Arzt, Politiker, Demokrat
Johann.Caspar Lavater (1741-1801), schweizer. Pfarrer, Philosoph
Johann Nepomuk Nestroy (1801 – 1862), österr. Schauspieler
Johann Wolfgang von Goethe (1749 - 1832), deutscher Dichter
Johannes XXIII. (1881 - 1961), Papst
Johannes von Müller (1752 - 1809), schweiz. Schriftsteller, Publizist
John Adams (1735 – 1825), 2. Präsident der USA
John Emeric Edward (1834 - 1902), engl. Historiker, Journalist
John F.Kennedy (1917 - 1963), 35. Präsident der USA
John Henry Mackay (1864 - 1933), Schriftsteller
John Locke (1632-1704) englischer Philosoph
John Milton (1608 - 1674), engl. Dichter, Politiker, Staatsdiener
John Ruskin (1819 – 1900), engl. Schriftsteller, Sozialphilosoph,Maler
John Stuart Mill (1806-1873) engl. Philosoph, Ökonom
Jonathan Swift (1667 – 1745), irischer Schriftsteller, Satiriker
Jose Ortega y Gasset(1883-1955), span. Philosoph, Essayist,Soziologe
Joseph Beuys (1921 – 1986), Bildhauer, Aktionskünstler, Zeichner
Joseph Freiherr von Auffenberg (1798 - 1858), Dramatiker, Dichter
Joseph Joubert (1754 – 1824), französischer Moralist und Essayist
Joseph Lincoln Steffens (1866 - 1936), amerik. Journalist
Joseph von Eichendorff (1788 - 1857), Lyriker, Schriftsteller
Josiah Warren (1798 - 1874), Sozialrefomer, Schriftsteller
Jules Renard (1864-1910) französischer Schriftsteller
Julius Wolf (1862 - 1937), Nationalökonom
Karl Emil Franzos (1848-1904) österr. Schriftsteller Publizist
Karl Ferdinand Gutzkow (1811-1878) dt. Schriftsteller, Journalist
Karl Heinrich Waggerl (1897 - 1973), österr. Schriftsteller
Karl Henckell (1864 - 1929), Schriftsteller, Lyriker
Karl Jaspers (1883 – 1969), Psychiater, Philosoph
Karl Kraus (1874 - 1936), Publizist, Satiriker, Lyriker, Kritiker
Karl Marx (1818-1883) deutscher Philosoph, Journalist, Ökonom
Karl Wilhelm Ramler (1725 - 1798), Dichter, Philosoph
Kemal Atatürk (1881 - 1936), Begründer der Türkei, Reformer
Khalil Gibran (1883 - 1931), libanes.-amerik. Philosoph, Dichter

Klemens Wenzel Lothar von Metternich (1773-1859), österr. Politiker
Konfuzius (551 - 479), chinesischer Philosoph
Konstantin Petrowitsch Pobedonoszew(1827-1907),rus.Jurist,Publizist
Kris Kristofferson (1936), amerik. Sänger, Schauspieler
Kuno Fischer (1824 – 1907), Philosoph
Kurt Tucholski (1890 – 1935), Schriftsteller, Journalist
Laotse (6.Jh v.Chr.), chinesischer Philosoph
Leo XIII. (1810 - 1903), Papst
Leonardo da Vinci (1452 - 1519), ital. Maler, Bildhauer, Philosoph
Leopold von Ranke (1795 - 1886), Historiker, preuß. Geheimer Rat
Lew Nikolajewitsch Graf Tolstoi (1828 – 1910), russ. Schriftsteller
Lord Georg Gordon Noel Byron (1788 - 1824), englischer Dichter
Louis Adolphe Thièrs (1797-1877) franz. Politiker, Historiker
Luc de Clapiers de Vauvenargues (1715 - 1747), franz. Philosoph,
Lucius Annaeus Seneca (4 – 65 n.Chr.), röm, Dichter, Philosoph
Ludwig Adolf Wiese (1806 - 1900), Pädagoge, Ministerialbeamter
Ludwig Erhard (1897 - 1977), Politiker,2. Bundekanzler der BRD
Ludwig Marcuse (1894 – 1971), dt.-amerik. Schriftst., Philosoph
Ludwig Uhland (1787 - 1862), Dichter, Jurist, Politiker
Lü Bu We (ca.300-235 v.Chr.) chin. Kaufmann, Politiler, Philosoph
Madame Anne Louise Germaine de Stael (1766-1817) franz. Schriftst.
Madame Roland (1754 - 1793), franz. Politikergattin, Autorin
Madeleine Semer (1874 - 1921), franz. Mystikerin
Magnus Gottfried Lichtwer (1719 - 1783), franz. Jurist, Fabeldichter
Malwida von Meysenbug (1816 - 1903), Schriftstellerin
Manuel Azana (1880 - 1940), Präsident der 2. span. Republik
Marcus Tullius Cicero (106 – 43 v.Chr.), röm. Philosoph, Politiker,
Marguerite Duras (1914 - 1996), franz. Drehbuchautorin, Schriftst.in
Maria Theresia von Österreich (1717 - 1780), österr. Monarchin
Marie Frfr.v. Ebner-Eschenbach (1830-1916), öster. Schriftstellerin
Mark Aurel (121-180) römischer Kaiser
Martin Andersen-Nexo (1869 - 1954), dänischer Schriftsteller
Martin Buber (1878 – 1965), österr.-israel. Religionsphilosoph
Martin Luther (1483 - 1546), deutscher Theologe, Mönch, Reformator
Matthias Claudius (1740-1815) deutscher Dichter, Journalist
Max Horkheimer (1895 – 1974), Sozialphilosoph
Max von Schenkendorf (1783 – 1817), Schriftsteller, Lyriker
Maxim Gorkij (1868 – 1936), russ. Schriftsteller
Maximilian de Robespierre (1758 - 1794), Jakobiner. Jurist, Politiker
Meister Eckhart (1260 - 1328), spätmittelalt. Theologe, Philosoph
Michail Aleksandrowitsch Bakunin (1814 - 1876), russ. Revolutionär
Michel de Montaigne (1533-1592) franz. Politiker, Philosoph
Miguel de Cervantes-Saavedra (1547 - 1616), span. Schriftsteller
Mosche Löb von Sasow (18.JH. bis 1807), jüdischer Rabbi)
Moritz Carrière (1817 - 1895), Schriftsteller, Philosoph
Moses Maimonides (1135-1204), jüdischer Gelehrter, Arzt, Philosoph

Napoleon I. Bonaparte (1769-1821) franz. Staatsmann, Kaiser
Nelson Mandela (1918 - 2013), südafrik. Freiheitskämpfer, Politiker
Niccoló Macchiavelli (1469-1527) ital.. Dichter, Philosoph, Politiker
Nikolai Alexejewitsch Ostrowski (1904 - 1936), ukrain. Revolutionär
Nicolas Sébastien Roch Chamfort (1741 - 1794), franz. Schriftsteller
Nikolai Hartmann (1882 - 1950), Philosoph, Fundamentalontologe
Novalis (1772 - 1801), Schriftsteller, Phlosoph, Jurist
N.Schtschedrin (1826 - 1889), Pseudonym, Schriftsteller, Satiriker
Oliver Cromwell (1599 - 1658), Politiker, Abgeordneter, Feldherr
Oscar Wilde (1854 - 1900), irischer Schriftsteller
Oskar Kokoschka (1886 - 1980), österr. Schriftsteller, Maler, Grafiker
Oskar von Miller (1855-1034), Ingenieur, Gründer Deutsches Museum
Oswald Spengler (1880-1936) Schriftsteller, Historiker, Philosoph
Otto Eduard Leopold von Bismarck (1815 - 1898), deutscher Politiker
Otto Flake (1880 - 1963), Schriftsteller
Otto v Habsburg (1912-2011), österr. Schriftsteller, Politiker, Publizist
Otto von Leixner (1847 – 1907) Schriftsteller, Journalist, Historiker
Pascal Paoli (1725 - 1807), korsischer Revolutionär, Freiheitskämpfer
Paul Anton de Lagarde (1827 - 1891), Orientalist, Kulturphilosoph
Paul Dessau (1894 - 1979), Komponist, Dirigent
Paul Ernst (1866 - 1933), Schriftsteller, Journalist
Paul Valéry (1871 - 1945), franz. Lyriker, Philosoph, Essayist
Paul von Heyse (1830 - 1914), Schriftsteller
Paula Moderson-Becker (1876 - 1907), Malerin, Künstlerin
Pavel Kosorin (1964), tschech. Schriftsteller
Perikles (490 - 429), griech. Redner, Politiker, Staatsmann
Peter Hille (1854 - 1904) Schriftsteller
Peter Lippert (1879 - 1936), kath. Priester, Theologe
Peter Sirius (1858 - 1913), eigentl. Otto Kimmig, Philologe
Peter Sodann (1936), Schauspieler, Regisseur, Intendant
Petronius Gaius Arbiter (14 - 66) röm. Senator, Satiriker
Philemon (360 – 264 v.Chr.), griech. Dichter
Philippus Theophrastus Paracelsus (1493 - 1541), Arzt, Philosoph
Platon (428 – 347 v.Chr.), griechischer Philosoph
Plutarch von Chaironeia (45-125) griechischer Schriftsteller
Publius Syrus (1.Jh.v.Chr.), römischer Dichter
Publius Cornelius Tacitus (58 - 120). röm. Senator, Historiker
Rabindranath Tagore (1861 - 1941), bengal. Dichter, Philosoph
Rahel Varnhagen von Ense (1771-1833) deutsche Schriftstellerin
Ralf Dahrendorf (1929 - 2009), Soziologe, Politiker, Publizist
Raymond Walden (1945), Pädagoge, Astronom, Astrologie-Kritker
Richard Dawkins (1941), Zoologe, Evolutionsbiologe, Schriftsteller
Richard Fedor Leopold Dehmel (1863 - 1920), Schriftsteller, Dichter
Richard von Schaukal (1874 - 1942), österr. Dichter, Schriftsteller
Richard Wagner (1813 - 1883), Komponist, Dirigent, Schriftsteller
Rigas Feraios (1757 - 1798), griech. Schriftsteller, Revolutionär

Robert Eduard Prutz (1816 - 1872), Schriftsteller, Historiker
Rosa Luxemburg (1871 - 1919), Politikerin, Redakteurin
Rudolf Sohm (1841 - 1917), Kirchenrechtler, Rechtshistoriker
Rudolph Christoph Eucken (1846 - 1926), Philosoph
Rudolph Virchow (1821 - 1902), Arzt, Archäologe, Politiker
Rudolph von Jhering (1818 - 1892), Rechtswissenschaftler
Samuel Johnson (1709-1784) engl. Gelehrter, Schriftsteller, Dichter
Samuel Smiles (1812 - 1904), schott. Mediziner, Schriftsteller
Siegfried August Mahlmann (1771 - 1826), Dichter, Verleger, Schriftst.
Siegfrid Brunn (?), Dichter, Aphoristiker
Sigmund Freud (1856 – 1939), östereich. Arzt, Psychologe
Sigmund Graff (1898 - 1979), Schriftsteller, Dramatiker
Simon Dach (1605 - 1659), Dichter des Barock
Søren Kierkegaard (1813 -1855), dän. Philosoph, Theologe, Schrift.
Stanislaw Jerzy Lec (1909 - 1966), poln. Dichter, Aphoristiker
Stendhal (1783 - 1843), franz. Schriftsteller
Sully Prudhomme (1839 - 1907) franz. Schriftsteller
Swami Vivekananda (1863 - 1902), hinduist. Mönch, Gelehrter
Tacitus (55 - 115), röm. Historiker, Politiker
Theobald von Bethmann-Hollwegen, Reichskanzler
Theobald Ziegler (1846 - 1918), Philosoph
Theodor Fontane (1819 - 1898), deutscher Apotheker, Schriftsteller
Theodor Gottlieb v. Hippel (1741-1796) ostpreuß.Staatsmann,Autor
Theodor Heuss (1884 - 1963), Politiker, 1. Bundespräsident der BRD
Theodor Körner (1791 - 1813), Schriftsteller, Dichter, Dramatiker
Theodor Storm (1817 - 1888), Jurist, Schriftsteller, Lyriker
Theodor W. Adorno (1903 - 1969), Philosoph, Soziologe
Theodor Waitz (1821 - 1864), Psychologe, Völkerkundler
Théophile Gautier (1811 - 1872), franz. Schriftsteller
Thomas Babington Macaulay (1800 - 1859), brit. Politiker, Historiker
Thomas Dehler (1897 – 1967), Politiker, Bundesminister
Thomas Garrigue Masaryk (1850 – 1937), tschech. Politiker
Thomas Hobbes (1588 - 1679), engl. Mathmatiker, Philosoph
Thomas Jefferson (1743-1826) 3. Präsid. d. USA, Staatsrheoretiker
Thomas Mann (1875-1955) deutscher Schriftsteller
Thomas Niederreuther (1909 - 1990), Kaufmann, Maler, Schriftsteller
Thomas Paine (1737 - 1809), brit.-amerik. politischer Intellektueller
Thomas Woodrow Wilson (1856 – 1924), 28. Präsident der USA
Thukydides (454.396 v.Chr.) griech. Stratege, Historiker
Václav Havel (1936 - 2011), tschech. Dramaturg, Essayist, Politiker
Vergil (70 – 19 v. Chr.), röm. Dichter, Epiker
Victor Cousin (1792 - 1862), franz. Philosoph, Kulturtheoretiker
Victor Frankl (1905 – 1997), Neurologe, Psychiater
Victor Marie Hugo (1802 - 1885), französischer Schriftsteller
Voltaire (1694 - 1778), französischer Schriftsteller und Philosoph
Waldemar Bonsels (1880 - 1952), Schirftsteller

Walther Rathenau (1867 - 1922), dt. Schriftsteller, Politiker
Werner Finck (1902 - 1978), Schauspieler, Kabarettist, Autor
Werner Mitsch (1936 - 2009) Aphoristiker
Wieslaw Brudzinski (1920 - 1996), poln. Satiriker
Wilhelm Busch (1832 - 1908), deutscher Dichter und Zeichner
Wilhelm Emmanuel von Ketteler (1811 - 1877), kath. Bischof, Politiker
Wilhelm Jordan (1819 – 1904). Schriftsteller, Politiker
Wilhelm August Friedrich Bechius (1813 - 1897), Schriftsteller
Wilhelm Liebknecht (1826 - 1900), Lehrer, Journalist, Politiker
Wilhelm Raabe (1831 - 1910), Schriftsteller
Wilhelm Roscher (1817 - 1894), Historiker, Ökonom
Wilhelm Schlichting (1930?), Publizist, verleger
Wilhelm Vogel (1898 - 1989), Politiker, Widerstandskämpfer
William Butler Yeats (1865 - 1939), irischer Dichter, Schriftsteller
William Gladstone (1809 - 1898), brit.Politiker, Premierminister
William Hazlitt (1778 - 1830), brit. Schriftsteller, Essayist
William Rounsville Alger (1822 - 1905), brit. Schriftsteller
William Shakespeare (1564-1616) brit. Schriftsteller, Dramatiker
William Wallace (1270 - 1305), schott. Freiheitskämpfer
Willy Brandt (1913 -1992), Politiker, 4. Bundeskanzler der BRD
Winston Churchill (1874-1965) brit. Premierminister, Schriftsteller
Wladimir Iljitsch Lenin (11870 - 1924), russ. Revolutionär, Politiker
Wladimir Sergejewitsch Solowjow (1853-1900)rus. Philosoph, Dichter
Wolfgang Huber (1942), evang. Theologe, Bischoff, Ethiker
Zarko Petan (1929), slowen. Autor

Sowie Sprichworte u. Weisheiten aus Armenien, China, Deutschland, England, Rumänien, Russland, Spanien, Tibet, Ungarn, USA

Nachschlagewerke:

Aphorismen der Weltliteratur, Hrsg. Friedemann Spikker, ISBN 3-15-058017-X
Bedenke bevor du denkst, Hrsg.Dedezius, ISBN 3-518-38920-3
Bibelzitate von A – Z, R.Brüllmann, ISBN 3-87067-860-7
Das Buch der Liebe, K.Casey, ISBN 3-453-02852-x
Deutsche Aphorismen, Hrsg. G.Fieguth ISBN 3-15-009889-0
Duden Bd.12 Zitate und Aussprüche, ISBN 3-411-04144-6
Geflügelte Worte, Büchmann, ISBN 3-426-07502-4
Klassische Weisheiten aus China, ISBN 3-88189-199-4
Lichtenberg Aphorismen, Hrsg. Kurt Batt, ISBN 3-458-31865-8
Reclams Zitaten-Lexikon, Johannes John, ISBN 3-15-010491-2
Zitate f. Beruf und Karriere, Hrsg.G.Fichtl, ISBN 3-448-05207-8
Zitate f. besondere Anlässe, Hrsg.G.Fichtl, ISBN 3-448-04706-6
Zitaten-Handbuch, Eberhardt Puntsch ISBN 3-8004-1458-9
Zitatenschatz der Weltliteratur, Zoozmann, ISBN 3-499-61192-9
Zitate von A – Z, ISBN 3-88199-533-1

Fundstellen im Internet:

aphorismen.de	aphorismus.de
aphorismus.net	daszitat.de
glücksarchiv.de	gutzitiert.de
sprechgerät.de	sprücheportal.de
sprüche-universum.de	unmoralische.de
wikquote.org	zita.de
zitate.de	zitate.net
zitate-online.de	zitate-portal.com
zitate-universum.de	zitate-welt.de

Von demselben Autor sind bei BOD bereits erschienen:

Kinderlieder
ISBN 978-3-7322-3024-2, 100 S.
Weber, Frank (Hrsg.)
92 Kinderlieder, altbekannt und immer wieder gern gesungen

Liederbuch (Deutsche Volkslieder)
ISBN 978-3-8423-6702-9, 312 S.
Weber, Frank (Hrsg.)
300 Volkslieder aus 8 Jahrhunderten und aller Herren Länder

Tausenderlei über die Freiheit
ISBN 978-3-7322-9721-4, 140 S
Weber, Frank (Hrsg.)
Mehr als 1000 Zitate, Bonmots und Aphorismen über die Freiheit

Tausenderlei über das Glück
ISBN 978-3-7322-5525-2, 160 S.
Weber, Frank (Hrsg.)
Mehr als 1000 Zitate, Bonmots und Aphorismen über das Glück

Tausenderlei über die Liebe
ISBN 978-3-8423-7474-4, 140 S.
Weber, Frank (Hrsg.)
Mehr als 1000 Zitate, Bonmots und Aphorismen zum Thema Nr. Eins und darüber, was die Menschen zusammenhält und manchmal auch wieder auseinanderbringt

Weihnachtslieder
ISBN 978-3-7322-3375-5, 92 S.
Weber, Frank (Hrsg.)
80Weihnachtslieder aus der Heimat und der ganzen Welt

Frank Weber

Tausenderlei über die Freiheit